Une philosophie du vin

Pierre-Yves Quiviger

Une philosophie du vin

Millésime 2023

Récolté à Hyères (83),
vinifié à Saint-Julien-Chapteuil (43)
et mis en bouteille

par la maison Albin Michel, à Paris (75)

À la mémoire de Robert Damien qui m'avait dit un jour, pas loin du Palais-Royal, devant une bouteille de saint-amour (le bien nommé) : « Tu devrais écrire sur le vin. » Voilà, Robert, c'est fait.

Chapitre un

Vin et connaissance
ou
Faut-il savoir ce que l'on boit ?

Nous aurons du vin
De celui qui pétille
Même quand il dort

Léo Ferré, « L'âge d'or »

Vous êtes invité à dîner chez des amis qui connaissent votre goût pour les bons vins. Il n'est pas impossible, s'ils sont eux-mêmes amateurs de vins, qu'ils vous demandent, avec un peu de sadisme, d'identifier (appellation, millésime, producteur voire cuvée) le vin servi dans une carafe. Si le vin est délicieux, vous pouvez dire, comme Jean-Paul Belmondo à Catherine Deneuve dans *La Sirène du Mississipi* de François Truffaut : « C'est une joie. Et une souffrance. » Joie, parce que le vin est excellent ; souffrance, parce qu'il va falloir jouer une partie délicate et presque perdue d'avance. Si vos hôtes sont eux aussi des passionnés de vin, il est en effet probable que le vin choisi soit surprenant, peu typique, inattendu et donc, difficile à identifier. Vous allez vous promener à travers les régions viticoles du monde, proposer plusieurs cépages et années, risquer aventureusement quelques noms de producteurs célèbres. Et puis, piteusement, après une trentaine de réponses et trois verres avalés, vous allez déclarer forfait et à vos hôtes, qui montrent fièrement la bouteille vide, vous direz : « Ah oui, mais bien sûr, c'était ça ! »

Un tel jeu ne peut amuser que des passionnés : si l'on boit du vin par routine, sans curiosité, si l'on boit du vin par convention sociale, comme on pourrait boire du thé ou du bourbon, on ne joue pas ainsi aux devinettes. Pas plus quand il s'agit de combler une soif d'alcoolique – le degré d'alcool indiqué sur la bouteille étant alors l'information la plus précieuse. En revanche, l'amateur de vin cherche à connaître et à comprendre ce qu'il boit – il n'avale pas *n'importe quoi* (ce qui ne veut pas dire nécessairement qu'il ne boive que des grands vins ou même toujours de bons vins). D'où la pertinence du jeu qui consiste à identifier, c'est-à-dire à reconnaître, ce que contient la carafe qui a rendu anonyme le vin débouché. Mais ce jeu dit-il quelque chose de plus profond ? Connaît-on bien un vin parce qu'on est capable de le reconnaître ? Probablement. Apprécie-t-on mieux les qualités objectives de ce qu'on boit parce qu'on ignore ce qu'on est en train de boire ? Cela ne va pas de soi : il y a de très bonnes raisons de boire un vin à l'aveugle comme il y a de très bonnes raisons de ne surtout pas le boire à l'aveugle. Et l'amateur est, comme l'âne de Buridan incapable de choisir entre la faim et la soif, confronté à ce qu'en philosophie on appelle une isosthénie, c'est-à-dire l'impossibilité de trancher entre deux arguments, tous les deux pertinents et convaincants – ce que résume la formule sceptique grecque *ou mallon*, « pas plus (l'un que l'autre) » dont Montaigne avait fait inscrire une version développée sur une poutre de sa bibliothèque (*ou mallon outôs ekhei è ekeinoôs è oudeterôs*, « pas plus ainsi qu'autrement, ni sans l'un ni l'autre »).

D'un côté, boire à l'aveugle revient à se priver de ce qui entoure chaque bouteille : un lieu de naissance, une géologie, une histoire, un terroir. Cela veut dire aussi ignorer le degré d'alcool, la présence ou l'absence de sulfites*, l'âge du vin. C'est en somme s'interdire de juger un vin selon ce qu'on peut attendre de lui et en ignorant ce qui est dans l'ordre de ses possibles. De l'autre, boire à l'aveugle permet d'avoir un regard vierge, libéré des préjugés et susceptible de se concentrer sur ce qui est dans le verre plutôt que sur le prestige (ou la mauvaise réputation) d'une appellation, la renommée (ou l'anonymat absolu) d'un propriétaire ou l'âge vénérable (ou poupin) du flacon – toutes informations

* Les mots suivis d'un astérisque sont définis au glossaire p. 259.

pertinentes mais infléchissant sensiblement l'analyse. Comparons donc les mérites et les défauts de ces deux approches avant d'esquisser quelques *recommandations de bonnes pratiques*, comme on dit en médecine.

Quelles sont les vertus de la dégustation à l'aveugle ?

La première vertu tient à la *fraîcheur* de l'expérience, sa naïveté cultivée. Le vin est servi, je regarde sa robe, je le sens, je fais tourner le liquide dans le verre, je sens encore, je porte le verre à mes lèvres, je fais tourner le vin sous mon palais, je l'avale, j'apprécie la persistance des arômes, leur complexité, leur équilibre. C'est une expérience nue et pure. Et dont la force tient à cette nudité et à cette pureté. Il est passionnant, pour l'amateur de vin, de savoir revenir à cela : l'expérience non savante, non érudite du vin. On apprend alors autre chose de ce qu'on boit en désapprenant tout ce qu'on sait des vins. Cette pratique est, on le voit, très différente de celle décrite dans le jeu du début de ce chapitre et qui conduit, elle, à une autre vertu, celle de la *concentration*.

Boire à l'aveugle pour identifier un vin met tous les sens en éveil et mobilise les souvenirs et le savoir de l'amateur, comme quand, lisant un roman policier, on traque les indices dans chaque page, on revient en arrière pour relire tel passage, on s'égare dans de fausses pistes habilement placées par l'auteur pour nous embrouiller dans la découverte du coupable. On regarde la robe : rouge un peu violet, le vin est jeune, peut-être un « petit » gamay ; rouge tirant vers le brun, on est plutôt sur un pinot noir assez ancien. La robe est très dense, un bandol, un madiran ? Transparente, presque rosé foncé, un poulsard, un ajaccio de pur sciaccarellu ? La robe est trouble : serait-ce un vin naturel ? En tout cas un vin non filtré. Le nez me renseigne aussi. Je n'ai pas encore une grande expérience du condrieu mais je sais que son cépage unique, le viognier, donne un nez d'abricot et d'amande assez puissant ou bien, coup de chance, le nez me rappelle très exactement plusieurs vins que j'ai déjà bus et qui sont très spécifiques. C'est le cas de la plupart des très grands vins : qui a eu la chance de boire deux ou trois fois dans sa vie (c'est déjà beaucoup et deux ou trois fois de plus que nombre d'amateurs) la cuvée Silex de Didier Dagueneau, un Rayas rouge ou un Clos-Sainte-Hune les reconnaîtra ensuite au premier nez tant ils sont uniques en leur genre et impossibles à confondre – le jeu se résumant simplement alors à deviner le millésime. La bouche, enfin, donne des informations précieuses : les tanins, l'acidité, la longueur, la force alcoolique, tout cela est analysé en détail et permet d'écarter certaines hypothèses et d'infirmer ou de confirmer une intuition. La robe est rouge violine, le nez évoque la framboise, la cerise, peut-être est-ce un jeune beaujolais ou un jeune touraine, la bouche conduit à penser à un vin sans soufre, puisqu'ils ont une structure très particulière, une délicatesse qu'on désigne par le terme inquiétant de « buvabilité », donc on pourrait penser à un morgon de Lapierre ou de Foillard ou encore à un Première Vendange de Marionnet mais, non, ce n'est pas ça, en remuant le verre d'autres arômes arrivent, plus chauds, plus « sudistes » et la bouche fait penser à un gigondas qui ne serait pas trop fort en alcool ni en tanins, un grenache paradoxal. C'est délicieux et atypique. Après cette très longue cogitation, et après avoir bu deux verres entiers, vous pouvez triompher et annoncer à vos amis sidérés qui pensaient vous piéger une fois de plus : « Je dirais un tavel du domaine de l'Anglore, dans un millésime assez récent. »

Enfin, il y a une troisième vertu à la dégustation à l'aveugle, le *renversement des valeurs* comme dirait Nietzsche. Le vin se présente dépouillé d'ornement rhétorique, d'investissement symbolique, de respect imposé – comment, face à un vin réputé, cher, référencé dans tous les guides, échapper à la surdétermination, à un certain snobisme, au sentiment d'appartenir à une élite, comme celle des heureux élus buveurs d'une des rarissimes bouteilles de musigny du domaine Leroy ? Mais il n'y a pas que des chefs-d'œuvre incontestables comme ce grand cru des côtes-de-nuits parmi les vins dont on « boit » aussi l'étiquette – il y a également de fausses gloires, des demi-imposteurs, des surcotés qui tombent de leur piédestal si on les prive de leur « notice explicative ». Certes, toute bouteille est singulière et il arrive qu'une mise soit plus faible qu'une autre, que les conditions de conservation n'aient pas été optimales et juger un vin sans contextualisation peut conduire à une sévérité excessive et imméritée. Il est donc sage de ne pas se livrer à cet exercice avec des vins trop anciens (qu'on comprend de moins en moins parce qu'on en boit de plus en plus rarement, en particulier au restaurant) ou avec des vins atypiques voire étranges pour les néophytes et qui peuvent être déstabilisants. À l'aveugle, un Petrus 1929, pourtant notoirement en très grande forme pour son âge, paraîtra peut-être fatigué et manquant de matière. Un arbois jaune 1988 de Pierre Overnoy déroutera par sa robe trouble et son nez légèrement fromager. Un champagne extra-brut non dosé pourra sembler exagérément acide, presque vert, à un palais habitué aux champagnes bruts ordinaires. Si, en revanche, on réserve l'expérience à des produits plus classiques, on pourra relativiser certains enthousiasmes de critiques et d'amis et remettre à leur juste place certaines bouteilles – on pourra aussi, *a contrario*, valider certains choix et défaire de mauvaises réputations. Chat échaudé craignant l'eau froide, il est par exemple difficile de faire avaler du beaujolais à des amateurs encore hantés par le souvenir du pénible jus violet aux arômes levurés de bonbon anglais et de banane vendu le troisième mois de novembre sous le nom de « beaujolais nouveau » – un beau vin de Charnay de Jean-Paul Brun servi à l'aveugle les fera changer d'avis. Ou encore : les préjugés face à un muscadet vieux de vingt ans (« Tu as oublié ça dans ta cave, tu ne vas pas nous faire boire ce truc ! ») se dissiperont face à une carafe fraîche contenant le jaune doré d'un domaine de l'Écu 2002.

Mais la dégustation à l'aveugle a les défauts de ses qualités, comme tout ce qui relève d'une certaine naïveté et comme tout ce qui valorise une forme de spontanéité : ce qu'on gagne en fraîcheur et en pureté (« j'aime, j'aime pas »), on le perd en profondeur et en finesse. On le voit avec les œuvres d'art : beaucoup d'entre elles demandent une initiation pour être pleinement appréciées mais, en retour, cette initiation détermine et oriente le jugement – on renverse moins volontiers les idoles qu'on a appris à apprécier. Deux écueils apparaissent nettement.

Le premier est la sous-estimation d'un facteur essentiel à la bonne connaissance d'un vin : son inscription dans plusieurs séries – les vins de la même appellation (ou du même terroir), les vins du même producteur, les vins du même millésime, les vins du même cépage ou du même assemblage de cépages. On dit toujours que la philosophie travaille par *distinction* : saisir correctement un concept signifie être capable de le distinguer d'un concept proche (par exemple la force et la puissance, l'unité et l'unicité, l'infini et l'indéfini, le légitime et le légal) – l'amateur de vin doit ici opérer de la même manière. On ne comprend vraiment une cuvée du clos Cibonne qu'en le comparant à d'autres côtes-de-provence, de préférence du Pradet ou de Hyères, qu'en comparant la cuvée issue du cépage tibouren avec la cuvée issue de syrah, qu'en comparant le 2019 avec trois ou quatre millésimes, etc. Rien de cela n'est possible à l'aveugle et cela peut conduire à un jugement sur un vin qui est tout simplement *faux* (on le glisse au milieu de vins tous septentrionaux et il paraît lourd alors qu'il est plutôt fin pour sa catégorie).

Le second écueil est la surestimation de la dégustation « pure », entendue comme isolée de la consommation de nourriture. Boire à l'aveugle, c'est boire le vin pour lui-même : or, sauf exception (les vins dits « de méditation », comme de très vieux *trockenbeerenauslese* ou portos vintage), les vins sont conçus comme des boissons devant accompagner de la nourriture, un plat spécifique ou la totalité d'un repas. Or les qualités qui permettent à une bouteille de briller lors, par exemple, d'une confrontation à l'aveugle avec d'autres bouteilles, ne sont pas toujours celles qui s'imposent dans un accord entre mets et vins.

Bien sûr, on ne saurait renoncer à ces confrontations, comme lors des concours agricoles ou lors des certifications pour les appellations d'origine contrôlée, car on risquerait sinon le favoritisme, la tricherie, le maintien, par conformisme, de réputations anciennes maintenant usurpées. Mais la dégustation à l'aveugle est alors orientée vers une fin précise. Un vin qui a collectionné les médailles dans ce contexte peut avoir des atouts qui se transformeront en handicaps à table. Richesse en alcool, en tanins, en arômes fruités ou confiturés, couleur sombre et dense, présence d'un peu de sucre résiduel* – toutes ces caractéristiques d'un vin « bodybuildé » et susceptible d'être une « bête à concours » induisent des bouteilles qu'on n'arrivera pas à finir lors d'un repas ou qui imposeront avec brutalité leur personnalité aux mets, sans les respecter et en rendant impossible tout accord, la nourriture étant rendue fade par contraste. Il arrive qu'un vin se montre sous un jour extrêmement séduisant quand il est bu seul, terrassant tous ses concurrents, et qu'il s'avère *in fine* incapable de s'allier avec un quelconque plat ou fromage – il finira alors sa vie abandonné au noir et au silence de la cave, jamais exposé à la lumière d'un repas car aucun mariage gastronomique n'est satisfaisant avec lui, ni raffiné ni ordinaire, ni simple ni complexe. Au mieux, on se souviendra de son existence pour une autre confrontation à l'aveugle, quelques années plus tard – confrontation probablement cruelle car ce type de vin pommadé, puissant, sophistiqué, vieillit mal et a rarement de beaux restes au long cours.

Voyons maintenant les vertus et les défauts d'une dégustation qui n'est pas à l'aveugle.

Les deux défauts principaux se dessinent en creux dans la première (la fraîcheur) et la troisième (renverser les valeurs) vertus de la dégustation à l'aveugle : respectivement, l'absence de naïveté et la révérence obligée (ou la défiance, pour les appellations de mauvaise réputation). L'absence de naïveté conduit à plaquer sur la bouteille concernée tous les *a priori* et toutes les connaissances qu'on possède à son propos. C'est boire comme « un bon élève » : je sais que le cabernet sauvignon a des notes de poivron vert, de cèdre, de menthe. Vais-je véritablement sentir ces arômes ou vais-je les imaginer, croyant devoir les reconnaître et les sentant véritablement, au bout de compte ? Ne suis-je pas alors comme les comparses de beuverie de la célèbre scène des *Tontons flingueurs* où Paul Volfoni (Jean

Lefebvre) sentant, comme tout le monde, de la pomme dans le « vitriol », les persuade qu'il y a aussi de la betterave ? Le philosophe anglais Bertrand Russell distinguait la connaissance par fréquentation (*knowledge by accointance*) et la connaissance par description (*knowledge by description*) : n'est-il pas évident qu'une grande maîtrise de la *description* encyclopédique d'un vin finit par polluer ma *fréquentation* de ce même vin ? En renonçant à la fraîcheur de la dégustation à l'aveugle, est-ce qu'au bout du compte je ne me retrouve pas à boire mes fiches de lecture plutôt que le vin dans mon verre ? Comment éviter que l'*idée* que je me fais d'une bouteille se substitue à la bouteille elle-même ? Ne vaut-il pas mieux être vierge de toute idée préconçue pour apprécier pleinement le vin *réel* ?

On rencontre le même type de problème face à une grande bouteille – comment ne pas succomber à la révérence de circonstance ? Vous fêtez un grand événement (anniversaire, réussite professionnelle, etc.) et vous décidez de puiser dans votre petit bas de laine pour partager avec des proches votre première bouteille de Bollinger R.D. (ou de Vieilles Vignes Françaises si c'est un très grand événement – et que le bas de laine n'est pas si petit que ça). Il va de soi que vous – et vos proches, s'ils y connaissent quelque chose, ce qui est conseillé pour ouvrir une telle bouteille sinon ce sont un peu « des perles aux pourceaux », suivant l'Évangile selon Matthieu (VII, 6) – serez impressionné par la belle couleur dorée du champagne, la finesse des bulles, la délicatesse et la profondeur du nez et l'équilibre en bouche. Il est presque impossible de faire abstraction de l'excellente réputation de la maison d'Aÿ et des plus de deux cents euros de la bouteille quand vous la dégustez. Ce serait une forme de crime de lèse-majesté que de ne pas l'aimer. Et pourtant, il arrive qu'une bouteille soit bouchonnée ou qu'elle présente un autre défaut technique même si c'est extrêmement rare chez une marque aussi prestigieuse.

Dans ces cas rarissimes, la dégustation à l'aveugle autorise une franchise sinon délicate – il est tentant de mentir et de se mentir à soi-même face à une bouteille de très haute renommée et qu'on a pour la première (et peut-être) dernière fois l'occasion de boire. Et, symétriquement, la faible estime dans laquelle on tient une appellation ou un producteur conduit à être sur ses gardes et exagérément critique si l'on se voit servir une bouteille de cette pénible provenance. Le passionné de vin craint ainsi certaines invitations à dîner chez des amis qui n'y connaissent rien et boivent n'importe quoi d'alcoolisé (avec de tels amis, nul besoin d'ennemis...). Là aussi, la dégustation à l'aveugle autorise plus facilement les bonnes surprises car elle rend possible une disposition d'esprit plus conciliante. Au lieu de faire la grimace quand arrive sur la table une bouteille (qui semble tiède) de gros-plant-du-pays-nantais embouteillé par EMB 44000 pour une chaîne d'hypermarchés et de vérifier qu'il y a bien aussi de l'eau sur la table (c'est plus sage), il est plus agréable de passer quelques minutes à essayer de découvrir le pedigree du vin blanc acidulé et transparent avec de légers reflets verts qu'on vient de vous servir dans le secret d'une carafe rafraîchie. Et ce sera, qui sait, l'occasion de rompre avec les préjugés sur la folle-blanche (autre nom, plus noble, du cépage gros-plant) et de voir dans ce vin nantais (chez les rares producteurs qui le traitent bien) le compagnon idéal des huîtres qu'il sait être.

Mais ces défauts inévitables n'effacent pas les grandes vertus d'une dégustation *informée*. Le vin est une production culturelle et la connaissance solide et précise des caractéristiques propres à chaque cuvée (millésime, appellation, nom du producteur, type de terroir, mode de vinification) permet de mieux comprendre ce qu'on est en train de boire. Il faut se garder d'assimiler trop rapidement production vinicole et production artistique : seuls les très grands vins flirtent avec l'art, ceux qui sont simplement bons, francs, joyeux, relèvent plutôt d'une forme d'artisanat. Si l'on ose néanmoins le rapprochement avec l'art, déguster à l'aveugle, *a fortiori* des vins rares et remarquables, fait penser à un directeur de musée qui distribuerait les tableaux de manière aléatoire et qui dissimulerait sciemment les noms des artistes et les dates des œuvres. Ce serait une démarche bien singulière, confondant la contemplation des toiles avec un médiocre quiz voire un jeu de dupes ou un canular sinistre si les tableaux de maître sont, de façon perverse, mélangés à des faux trompeurs et à quelques croûtes amusantes : on fournirait à l'entrée du musée la liste des peintres et le visiteur devrait se débrouiller tout seul pour les attributions correctes. Qui paierait pour s'infliger une telle visite ?

La première vertu de la dégustation informée est donc, par contraste avec le jeu muséal inepte que je viens d'envisager, d'être *heuristique* (du grec *heuriskô*, « je trouve ») : elle aide à la connaissance, elle permet d'avancer sur le chemin du savoir, de progresser et de se construire une culture. Buvant un vin issu d'un cépage, j'associe certaines sensations (arômes, texture, charge en alcool ressentie) à ce cépage ; ce sera confirmé par la dégustation d'autres vins issus du même cépage. Dégustant pour la première fois un vin d'un producteur précis, je découvre (s'il est bon… sinon c'est impersonnel, neutre, passe-partout) une personnalité, un style mais aussi la personnalité et le style de celui qui les produit – les vins de Jean-Christophe Comor, à La Roquebrussanne, ou les vins de Vincent Marie, à

Volvic, sont « signés » et ne se résument pas du tout à, respectivement, des vins de Provence ou des vins d'Auvergne même s'ils sont incontestablement *cela*, aussi. Ce sont avant tout des vins faits par *ces* vignerons et, pour ceux qui les connaissent personnellement, parler de leur vin avec eux, comprendre ce qu'ils voulaient faire, ce qu'ils visaient, ce qu'ils ont selon eux réussi et raté, doit probablement améliorer très sensiblement la dégustation et la connaissance de leurs vins.

La deuxième vertu de la dégustation informée est le développement de la *curiosité*. L'amateur de vin est féru de nouveautés – contrairement au simple buveur qui peut, à l'image de Kant accomplissant chaque jour la même promenade, se fournir à l'année chez le même vigneron et ingurgiter midi et soir la même cuvée dans la même quantité (du vin qui est alors comme du pain, dès lors qu'on a trouvé un bon boulanger dans son quartier). Il est impossible d'étancher la soif de curiosité à coups de bouteilles anonymisées : c'est en s'éloignant beaucoup, puis moins, avant de repartir très loin des bouteilles connues et bien identifiées qu'on pourra satisfaire une curiosité qui devient rapidement encyclopédique. Muni d'un atlas spécifique, on se procure des pinots gris alsaciens qui viennent de terroirs l'un argilo-limoneux, l'autre sablonneux calcaire, le troisième volcano-sédimentaire ; on compare ensuite les rieslings, les gewurztraminers, les muscats et les sylvaners issus des trois mêmes terroirs (dont mémoriser les noms vaut tous les mots croisés au titre de gymnastique cognitive). On n'en finit pas non plus de chercher à comprendre ce qui distingue les puligny-montrachet des chassagne-montrachet et, pour les plus fortunés, les différences marquées, surtout au vieillissement, entre un bâtard-montrachet, un bienvenues-bâtard-montrachet, un criots-bâtard-montrachet et un chevalier-montrachet, tous issus du même cépage chardonnay, tous vinifiés de la même manière et récoltés à quelques centaines de mètres les uns des autres. Et seule la curiosité de la dégustation informée peut conduire à l'envie de fréquenter des vins « pointus », parfois déroutants, qu'on ne peut appréhender qu'en sachant sur quel terrain on se risque. Certains vins naturels* ont besoin d'un solide dégazage (on verse le vin dans une carafe à dégustation, on le tourne vivement ou, moins élégant mais plus efficace, on bouche la bouteille ouverte avec le pouce et on l'agite façon *shaker*, on fait sortir le CO_2 en retirant le pouce et on recommence jusqu'à disparition de la mousse). D'autres vins sont dans des contenants trop modestes (37,5 centilitres pour les vins de paille, parfois moins encore pour l'*essencia* hongroise) pour qu'on puisse commencer à l'aveugle et finir à découvert. D'autres enfin ne peuvent être compris et appréciés que par des amateurs avec une expérience ancienne, comme les vins en cours d'élevage (primeurs du Bordelais) ou qui sont bus à un âge plus avancé que la pratique ordinaire (un champagne de cinquante ans peut être grandiose s'il a été conservé en cave fraîche et loin de la lumière mais il ne pourra être apprécié que par les amateurs de vieux champagne – pouvant déclarer, comme dans le *Henry V* de Shakespeare : *« We few, we happy few, we band of brothers »*) ou bien encore parce que leur caractère volontairement oxydatif serait assimilé à un défaut par un buveur non initié (les *oloroso*, *amontillado* et *palo cortado* de Jerez, par exemple, qui ne sont pas du tout « madérisés »).

La troisième vertu, enfin, est la *précision*. Quand on sait ce qu'on boit, on sort du vague. On renonce à l'idée qu'un vin serait simplement bon ou mauvais, fort en alcool ou léger, râpeux ou suave, sucré ou sec, rouge, blanc ou rosé. La connaissance du vin s'affine par le développement de ce qu'on peut désigner, en complétant une formule de Leibniz, comme des *petites perceptions actives* : l'amateur de vin apprend à percevoir des différences de plus en plus fines et subtiles. Il multiplie les expériences, guidé par la curiosité de la deuxième vertu et, à la faveur de ces expériences, il apprend *activement* à repérer des nuances de plus en plus délicates, son palais cultive l'art de la précision, dans l'appréciation comme dans la description ultérieure. Pour le développement de ce sens de la précision et l'épanouissement de ces petites perceptions actives, l'amateur informé dispose de deux outils précieux qui correspondent à deux manières de déguster : les dégustations horizontales et les dégustations verticales.

Une dégustation horizontale (une « horizontale » tout court, dans l'idiome des grands amateurs) rassemble généralement des bouteilles qui sont toutes issues d'une même appellation et d'un même millésime, en provenance de propriétaires différents (ainsi, une quinzaine de monbazillac 1976). Mais une dégustation horizontale peut aussi concerner plusieurs appellations au sein du même millésime. On goûte alors plusieurs vins issus d'une même année, afin d'apprécier la valeur d'une année spécifique. Cela peut permettre de réfuter des idées reçues sur la qualité d'un millésime. Ainsi, dans l'imaginaire collectif, on confond la qualité globale d'un millésime avec sa qualité dans les crus du Médoc, des Graves et du Libournais (on néglige souvent – à tort – le Sauternais pour poser le diagnostic). Le millésime 1972 a piètre réputation dans le Bordelais (à raison, les rares bouteilles buvables ont cessé de l'être vers 1978), ce qui suffit à sa condamnation universelle alors qu'il est très satisfaisant (sans être exceptionnel) dans la vallée du

Rhône et en Californie. Une dégustation horizontale peut aussi, au sein d'un même millésime, comparer des appellations relativement proches : vouvray, montlouis, jasnières, saumur, anjou, savennières, savennières-roche-aux-moines, coulée-de-serrant. Tous ces vins sont issus du même cépage, le chenin, et pour peu qu'on sache choisir des domaines travaillant bien, des bouteilles dans le même style (sec, car il y a de très beaux chenins moelleux dans certaines de ces appellations) et un beau millésime (comme 1990), on pourra se livrer pendant des heures à un travail analytique de plus en plus précis sur ce qui distingue tel terroir de tel autre, la démarche de tel producteur de celle de tel autre ou encore la capacité au vieillissement de telle ou telle appellation.

Une dégustation verticale (ou une « verticale » tout court) concerne, elle, normalement, une seule appellation, un seul propriétaire, voire une seule cuvée, mais avec des bouteilles issues de plusieurs millésimes. Il s'agit de remonter dans le temps et de parcourir l'histoire d'un vin. Certains domaines conservent pendant très longtemps leurs bouteilles, gardant ainsi la mémoire de chaque année, pendant des décennies – ce sont aussi parfois de grands passionnés, fortunés, qui complètent une collection déjà substantielle en se procurant aux enchères des années plus anciennes. Avait ainsi été organisée, il y a quelques années, par un mécène, une dégustation de 125 millésimes différents du Château-d'Yquem, remontant jusqu'au XVIIIe siècle. Plus modestement, il est très instructif de goûter cinq ou six millésimes d'un vin produit par un seul vigneron, dans une seule appellation, afin de mesurer l'aptitude au vieillissement de la cuvée concernée mais aussi, et surtout, pour l'analyser et la comprendre en profondeur, indépendamment des variations dues aux bonnes et aux mauvaises années. Il arrive aussi qu'un vigneron cède sa propriété à un tiers ou la transmette à ses héritiers – l'histoire du vin lue à travers les bouteilles, année après année, est alors le reflet de la vie des hommes et des femmes qui ont travaillé cette terre. À part pour les « petits vins », les « vins de soif » à consommer dans les six mois après l'achat, on ne peut qu'encourager les amateurs de vin à toujours conserver une bouteille dans chaque caisse de douze pour la boire plus tard. Après dix ans, on a rassemblé une dizaine de bouteilles qui ouvre la voie à une dégustation très instructive. Et plus riche est la collection, plus longue sa constitution, plus on s'instruit – on détermine ainsi entre autres l'espérance de vie moyenne d'une cuvée, la date probable de son apogée avec parfois de très heureuses surprises comme un rosé de côtes-de-provence oublié au milieu des rouges du même domaine et qui, après dix ans, s'avère délectable alors qu'habituellement on le boit d'une année sur l'autre.

Ces confrontations minutieuses au sein d'une même série de vins, série horizontale ou série verticale, permettent, en faisant varier les points de comparaison, de se familiariser avec le profil gustatif d'une année, d'une propriété, d'une appellation voire, avec une granularité plus fine, d'un terroir spécifique à l'image de ce que les Bourguignons désignent comme un « climat ». Un climat est une parcelle spécifique, parfois identifiée depuis plusieurs siècles – certains climats d'une qualité particulière ont été élevés au rang de premier cru voire de grand cru. Dans ce dernier cas, ils constituent une appellation spécifique, distincte de l'appellation communale ordinaire, cette dernière n'étant même plus indiquée sur l'étiquette (un bonnes-mares est un bonnes-mares, il se suffit à lui-même, il n'y a plus besoin de mentionner qu'il provient d'une parcelle de Chambolle-Musigny ou d'une parcelle de Morey-Saint-Denis). Les climats figurent, eux, usuellement sur l'étiquette – ainsi, un « vosne-romanée Les Damaudes » est dans l'appellation « vosne-romanée » et est issu du climat « Les Damaudes » (qui n'est pas un premier cru, contrairement au « Cros Parantoux » – l'étiquette indiquant alors « vosne-romanée 1er cru Au Cros Parentoux »).

On voit le luxe de détails rendu possible par une

dégustation informée et le degré de précision et de savoir qu'elle permet d'atteindre. Est-il par conséquent absurde de jouer aux devinettes avec un verre de vin ? Faut-il renoncer définitivement aux dégustations à l'aveugle et frustrer les amis sadiques décrits au début de ce chapitre ? Pour répondre à cela, il est temps de proposer quelques recommandations de bonnes pratiques.

Oui, il faut renoncer aux dégustations à l'aveugle s'il s'agit d'ignorer totalement ce que l'on boit ; c'est d'ailleurs imprudent car on évalue parfois mal les bornes du sadisme de ses amis : on finirait par devoir avaler ce que Pierre Brochant (Thierry Lhermitte) sert à Lucien Cheval (Daniel Prévost) dans *Le Dîner de cons*, soit un Château-Lafite 1978 « amélioré » par une demi-bouteille de vinaigre. En revanche, s'il s'agit d'organiser un anonymat ménagé, circonscrit, qui permet de fixer un certain cadre à l'expérience, la dégustation à l'aveugle est une pratique utile voire indispensable. Il faut s'inspirer de ce que Descartes décrit dans le *Discours de la méthode* : « quelques expériences qui soient telles, que leur événement ne soit pas le même, si c'est en l'une de ces façons qu'on doit l'expliquer, que si c'est en l'autre » (AT VI, 65) – autrement dit : faire varier un seul paramètre permet de mettre en lumière, si on le supprime, sa nécessité. On peut imaginer ainsi une dégustation verticale avec, pour finir, un millésime qui est tenu secret : la concentration, la fraîcheur de la dégustation à l'aveugle sont ici au service de la connaissance du vin. On peut même pousser le jeu un peu plus loin et introduire un second vin inconnu, ce qu'on appelle un « vin pirate », issu d'un autre domaine voire d'une autre appellation. La même méthode fonctionne avec les dégustations horizontales : un vin appartenant à la série mais rendu anonyme et un vin extérieur à la série. Pour que le geste soit heuristique, il ne faut jamais oublier la leçon cartésienne : prendre une bouteille trop éloignée de la série examinée revient à la gâcher et ne donnera aucune information. Si vous dégustez douze saint-émilion de 2013, cela n'apportera rien d'introduire un pinot noir de Nouvelle-Zélande au milieu. Mêler l'inconnu et le connu est toujours passionnant mais cela ne peut être utile qu'à la condition que l'écart soit suffisamment fin pour que la comparaison soit porteuse de sens – on peut apprécier Domenico Scarlatti et les Sex Pistols mais les comparer serait tout bonnement grotesque, la compréhension de chacun ayant sa logique propre et ne bénéficiant en rien d'une distance et d'un contraste trop évidents.

C'est en comparant ce qui est comparable qu'on progresse dans la connaissance du vin. La bonne pratique revient donc à partir d'un vin, d'une appellation, d'un terroir, d'un millésime ou d'un producteur (il y a, on l'a vu, des « vins d'auteur » pour lesquels la signature du vigneron peut jouer au moins autant que le terroir) pour identifier d'autres bouteilles appartenant à la même *série*. Et comme tout vin appartient à plusieurs séries, puisqu'il est vinifié par quelqu'un qui vinifie d'autres vins, que son raisin a poussé sur un sol qui a vu pousser d'autres bouteilles d'autres producteurs et que son année de naissance est aussi celle de centaines de millions de bouteilles, le point d'intersection de toutes ces séries, de toutes ces appartenances, doit être le point de départ de plusieurs enquêtes œnophiliques*.

Certaines de ces séries sont exagérément massives et constituent des ensembles trop grossiers pour être appréhendés et pour être signifiants : les « vins rouges », par exemple. D'autres sont à peine moins peuplées et ne veulent pas non plus dire grand-chose – comme celles mobilisées par les fâcheux qui vous demandent si vous êtes « bordeaux ou bourgognes ». Les choses intéressantes commencent quand le tri opéré est plus fin et la distinction plus subtile : c'est parce que vous le comparez avec d'autres côtes-du-jura blancs d'une douzaine d'années que ce magnum de la cuvée Marguerite de Jean-François Ganevat vous éblouit et que vous lui rendez justice. Pas parce que c'est un « blanc nature un peu vieux et assez cher », description vraie mais médiocre et qui passe à côté de l'essentiel. Pour « entrer » dans ce vin et en retirer tout le plaisir qu'il peut donner, il faut connaître, à force d'expériences et de lectures, le cépage chardonnay – et connaître une de ses mutations jurassiennes, le melon à queue rouge. Il faut connaître la spécificité des vins dits « vivants » ou « nature » ou « naturels » – et le talent propre de Jean-François Ganevat dans ce domaine, dont il est l'un des maîtres internationaux. Il faut connaître le vignoble jurassien, le terroir de Rotalier, moins célèbre que d'autres mais passionnant. Et pour connaître tout cela il faut boire souvent, et bien, et comparer toujours, au sein des séries de presque semblables et de quasi indiscernables pour favoriser le type de distinctions fines qui sont une des briques du mur de la connaissance du monde.

Chapitre deux

Cinquante nuances de vin
ou
Qu'est-ce que le vin ?

Boire par ouï-dire
Est un supplice pire
Que la pire prison

Anne Sylvestre, « La romanée-conti »

En multipliant les comparaisons au sein de chaque série de vins et entre séries de vins, on peut repérer les caractéristiques propres à la bouteille qu'on a ouverte et qui la distinguent de toutes les autres. Mais que la bouteille soit inconnue ou qu'elle décline son identité, sa production présente néanmoins un certain nombre de propriétés *communes* à tout vin.

Le sol, d'abord, dont elle provient – un raisin qui a poussé sur une terre argileuse ne produit pas le même vin que celui qui a mûri sur une terre volcanique. On désigne le sol d'un terme qu'on dit parfois impossible à traduire, le *terroir*, qui renvoie à la terre, à la géologie, à l'ensoleillement, à la pluviométrie, à la nature de la pente (un vin de plaine n'est pas un vin de coteau, et un coteau qui se gravit en sifflotant n'est pas une succession de restanques qui coupe le souffle).

Tout vin provient d'un lieu précis, mais il est issu

également d'une année déterminée – désignée par le terme de *millésime* (la langue du vin a son pédantisme propre : on dit « millésime » pour année et il existe une unité de mesure pour la longueur en bouche des vins, la « caudalie » qui vaut... une seconde !). Chaque vin est aussi issu de choix de vinification spécifiques qui, à partir du même raisin, permettent de produire des vins très différents. Ainsi, avec une récolte de pinots noirs on peut produire des bouteilles de rouge ou de rosé, selon qu'on laisse ou non macérer le jus (pardon, le *moût*) des baies avec la peau. Mais, plus surprenant, on peut aussi produire du vin blanc avec du pinot noir (avec d'ailleurs la quasi-totalité des cépages plantés aujourd'hui, les cépages dits « teinturiers » étant en voie de disparition). C'est le cas des champagnes « blancs de noirs », issus de pinot noir et de pinot meunier (un autre cépage rouge). Comme la pulpe du raisin est blanche, il suffit de presser très doucement la récolte et le moût qui sort du pressoir est alors de la couleur du vin blanc. Si le pressage est fait avec moins de douceur, comme on le fait pour les vins non pétillants, le moût est teinté très légèrement. On fabrique comme cela des vins rosés pâles, les rosés dotés d'une robe entre saumon et rubis étant eux issus de saignée, c'est-à-dire du soutirage d'une cuve de futur vin rouge, qui est concentré par l'opération (on fait alors d'une pierre deux coups :

un rouge solide à faire vieillir et un rosé à boire frais pour l'été). En revanche, on ne peut pas produire du vin rouge avec des raisins blancs – mais on peut mélanger une petite quantité de raisins blancs aux raisins noirs pour faire du vin rouge, dans certaines appellations seulement (en côte-rôtie par exemple, où il est possible d'intégrer jusqu'à 20 % de viognier dans un vin qui est dominé par la syrah). On peut aussi vinifier des raisins blancs à la manière des raisins noirs c'est-à-dire en laissant le moût macérer avec les peaux – on obtient alors un vin *orange*, à la mode depuis quelques années, mais issu d'une tradition très ancienne, dans l'un des plus vieux territoires viticoles du monde, la Géorgie.

Autre choix déterminant dans la fabrication du vin : la durée et le type d'élevage. Un vin vieilli en fûts de chêne n'a pas le goût d'un vin vieilli dans des fûts de noisetier (une tradition du Rhône qui s'est perdue) ou de sapin. Si les fûts sont neufs, ils transmettent des arômes toastés, vanillés, beurrés parfois envahissants ; si, *a contrario*, ils sont de deuxième ou de troisième remplissage, ils marquent moins le vin. Un vin qui a été élevé en cuve métallique ou en cuve de béton ne prend, par définition, aucun de ces traits boisés qu'on peut, en revanche, renforcer en pratiquant, comme a pu le faire Dominique Laurent sur certaines grandes cuvées bourguignonnes, du 200 % fût neuf (après un temps d'élevage dans un premier fût neuf, le vin est soutiré et introduit dans un second fût neuf). Il n'y a pas que la matière, il y a aussi la forme : un petit tonneau marque le vin beaucoup plus qu'un demi-muid (terme qui désigne par métonymie – le muid est une unité de mesure – une barrique de 600 litres) et les cuves en béton ovoïdes ne donnent pas les mêmes résultats que les cuves en béton ordinaires. Et le vin qui reste au moins dix-huit mois dans un fût de chêne neuf, comme normalement les grands crus bordelais, n'a rien à voir avec un vin qui a séjourné trois petits mois dans un fût de second remplissage et pas plus à voir avec un vin jaune jurassien qui a, réglementairement, l'obligation de demeurer six ans et trois mois dans un même fût non ouillé*.

Enfin, dernière étape de la fabrication, la mise en bouteilles, avec ou sans filtration et/ou clarification avec, par exemple, du blanc d'œuf, qui agglomère les particules en suspension, permettant de ne pas les introduire dans la bouteille. Elle est ou non l'occasion d'adjonction d'éléments externes comme des conservateurs – le plus utilisé est le soufre, sous la forme de sulfites*, qui évite le développement de certaines bactéries ainsi qu'une éventuelle reprise de la fermentation. Les vins dits « vivants » ou « naturels* » se caractérisent par une très faible teneur en soufre, allant jusqu'à une absence totale de sulfites ajoutés. Souvent, ces mêmes vins ne sont ni filtrés ni clarifiés. On introduit parfois aussi autre chose que des conservateurs dans le vin – du sucre, dans les champagnes et les crémants, afin qu'une nouvelle fermentation se déroule dans la bouteille et produise de l'effervescence. Ici aussi, les vins « naturels » se distinguent puisque, conformément à la méthode dite ancestrale de production des vins à bulles (celle qu'on rencontre dans la blanquette-de-limoux ou dans les cerdons-du-bugey), les *pétillants naturels* fermentent sans adjonction de sucre, par la seule transformation des sucres résiduels encore contenus à l'embouteillage.

Qui dit mise en bouteilles, dit aussi choix du format de la bouteille. Le contenant détermine en partie le contenu. Et il faut se souvenir que la bouteille en verre n'a pas toujours été le contenant privilégié du vin (amphore, tonneau, jarre), d'une part, et que d'autre part, elle a encore aujourd'hui quelques concurrents (le sympathique « cubi » des soirées festives et du petit vin quotidien mais aussi les moins défendables mini-bouteilles en plastique de vin blanc « pour la cuisine » [*sic*] voire les cannettes métalliques qu'on aimerait réservées aux sodas et aux mauvaises bières). Mais même en se restreignant aux bouteilles en verre, l'évolution d'un vin dépend de son embouteillage en demi-bouteilles (vieillissement précoce probable), en bouteilles (75 centilitres) ou en magnums (1,5 litre, le format parfait pour la longue durée) voire en impériales (6 litres ou 8 bouteilles standard) ou en melchizédecs (uniquement en champagne, 30 litres ou 40 bouteilles standard – mais il est rare que le champagne ait vieilli dès l'origine dans ce format, il est plutôt transvasé peu de temps avant la commercialisation, ce qui limite l'intérêt, sinon pour le caractère spectaculaire de la bouteille).

La *genèse* du vin est, on le voit, complexe et j'ai pourtant laissé de côté plusieurs étapes essentielles (l'âge et la taille des vignes, le matériel génétique des cépages – clones, hybrides, sélection massale – le rôle des levures, le type de fermentation, le bâtonnage éventuel des lies, la réfrigération des cuves, etc.). Cette genèse doit être distinguée de la *structure* du vin, comme il faut se garder de confondre l'*identité* d'un individu avec ses *origines*. Il va de soi qu'on peut être attaché sentimentalement à son lieu de naissance tout comme à ceux de ses parents et grands-parents. Il est tout aussi évident que certaines de nos caractéristiques physiques comme psychologiques peuvent largement dépendre d'où l'on vient et d'où l'on a grandi – en évitant néanmoins d'émarger au groupe moqué par Brassens des « imbéciles heureux qui sont nés quelque part ». Mais cela ne peut pas nous *résumer* ni nous *définir*. Il en est de même du vin : il est acquis, comme on l'a vu au chapitre précédent, que la connaissance d'un vin passe par le repérage détaillé et exhaustif de ses différentes appartenances qui sont autant de liens avec ses origines. Un bellet rouge vient de raisins qui ont poussé sur la commune de Nice, qui sont principalement de cépages braquet, fuella nera ou cinsault ; la bouteille est plus ou moins marquée par son élevage en fût neuf ou en cuve, par l'âge des vignes, par son embouteillage en magnums, etc. Mais ces éléments généalogiques n'épuisent pas ce qu'est chaque bouteille en propre ni ne sauraient permettre d'appréhender ce qui est son *essence*, ce qui contribue à sa *définition*.

Qu'est-ce que le vin ? Edmund Husserl, la première grande figure du courant philosophique qu'on appelle la phénoménologie*, proposait au début du XXe siècle une approche pour saisir l'essence d'une chose : la *variation eidétique* (du grec *eidos*, l'essence pure, l'idée). Son hypothèse est qu'en faisant varier certains paramètres, on peut repérer ce qui ne change pas quand tout change, l'invariant au sein de la variation étant alors de l'ordre de l'essence. Si je me représente une chaise bleue, verte, jaune, rouge, je comprends qu'il n'y a pas besoin qu'une chaise soit rouge pour être une chaise – pour preuve, je peux l'imaginer verte, elle reste une chaise. Si j'imagine cette même chaise comme très grande ou au contraire très petite, elle reste une chaise : une grande ou une petite taille n'est donc pas essentielle non plus. Si je me figure une chaise en bois ou en plastique, *idem*. Que reste-t-il à l'issue de ce travail de variation eidétique ? Le nombre de pieds, la forme, la fonction (pouvoir s'asseoir dessus). C'est ainsi qu'on s'approche de l'essence de la chaise et qu'on pourra comprendre pourquoi des centaines de milliers d'objets tous différents les uns des autres peuvent néanmoins porter ce nom de « chaise » puisqu'ils ont en commun cette essence. C'est en suivant cette même méthode qu'on va essayer de *définir* le vin.

Néanmoins, avant d'élaborer cette construction phénoménologique, il faut noter que le philosophe n'est pas le seul qui s'attache à construire des *définitions*. Une autre discipline excelle dans cet art, avec sa méthode spécifique : le droit. On rencontre des définitions du vin dans de nombreux textes juridiques, législatifs, réglementaires ou jurisprudentiels. Cela s'explique fort bien : les boissons alcoolisées font l'objet, dans la plupart des pays, d'une régulation juridique pointilleuse, qu'il s'agisse d'encadrer la consommation pour des raisons de santé publique et de sécurité ou bien encore afin de protéger le consommateur et les activités commerciales et agricoles afférentes à la viticulture.

Le règlement (CE) n° 1493/1999 du Conseil de

l'Union européenne en date du 17 mai 1999, portant organisation commune du marché vitivinicole, retient, en son annexe 1, la définition suivante du vin : « Produit obtenu exclusivement par la fermentation alcoolique, totale ou partielle, de raisins frais, foulés ou non, ou de moûts de raisins. » Elle est précédée d'une définition du « raisin frais » comme « fruit de la vigne utilisé en vinification, mûr ou même légèrement passerillé, susceptible d'être foulé ou pressé avec des moyens ordinaires de cave et d'engendrer spontanément une fermentation alcoolique ». Le même règlement décrit le « moût de raisins » comme « le produit liquide obtenu naturellement ou par des procédés physiques à partir de raisins frais » et précise qu'« un titre alcoométrique volumique acquis du moût de raisins n'excédant pas 1 % du volume est admis » (autrement dit, la fermentation n'a pas commencé, le moût n'est pas encore du vin). Un siècle auparavant, la loi dite « Griffe » du 14 août 1889 (abrogée par l'ordonnance n° 2010-459 du 6 mai 2010) définissait, plus laconiquement, le vin comme une « fermentation des raisins frais » en interdisant « d'expédier, vendre ou mettre en vente, sous dénomination de vins » un autre produit.

Les normes juridiques concernées ne se contentent pas de définir le vin par son origine… viticole – mais on verra plus loin que cette lapalissade n'en est pas une et qu'on peut discuter de savoir si le vin ne provient que du raisin de la vigne. Les normes sont aussi à l'origine d'une hiérarchie entre les vins qui opère une distinction entre les vins « sans origine » (on mélange des vins issus de plusieurs pays européens, par exemple) ou d'une origine vague (« vin de France », « vin d'Espagne ») et les vins d'indication géographique protégée et d'appellation d'origine contrôlée, correspondant à une aire géographique spécifique et présentant des caractéristiques propres à ces aires (encépagement, degré d'alcool, couleur : il n'y a pas de côtes-d'auvergne-corent blanc ou rouge, par exemple, il est nécessairement rosé). Et au sein de ces origines et appellations garanties et contrôlées, le droit, l'administration et les tribunaux protègent et vérifient les classements de crus : simples crus classés, crus bourgeois, premiers crus, grands crus, premiers grands crus voire *premier cru classé supérieur*, comme Yquem, seul dans sa catégorie.

Les domaines complètent parfois ces mentions normées juridiquement par des termes susceptibles d'impressionner l'acheteur – mais sans aucune valeur légale ni garantie. Les termes « grand vin » ou « vieilles vignes » ne renvoient à rien puisqu'ils ne sont définis dans aucun texte réglementaire : le « grand vin » peut être une bien petite chose à la dégustation et la « vieille vigne » avoir été plantée sept ans avant. Les normes existantes protègent les consommateurs (qui achètent un vin du Pays basque quand ils se procurent un irouléguy, et pas un vin provenant du Languedoc ou de l'Italie) et les producteurs (contre la concurrence déloyale et l'atteinte portée à la respectabilité d'une marque et d'un terroir). Malheureusement, il arrive aussi que ces normes se retournent contre de bons vignerons qui produisent des vins remarquables mais « bord-cadre ». Un vin avec un degré d'alcool trop bas ou trop élevé va sortir des clous de l'appellation et le producteur sera obligé de déclasser son vin en « vin de France » voire, puisqu'il y a aussi quelques contraintes liées à cette dénomination, à devoir orner son étiquette de l'infamante et inquiétante mention « produit issu de moût de raisin partiellement fermenté ». Il arrive aussi que certains vignerons doivent désigner comme simple vin de pays une de leurs plus belles cuvées parce que les cépages ne sont pas ceux prévus dans le décret définissant l'AOC concernée. Deux des plus grands vins français, le domaine de Trévallon et le mas de Daumas Gassac sont ainsi des vins de pays. Il arrive que ce soient les choix de vinification (comme l'absence de sulfites dans le vin) qui conduisent à sortir de l'appellation : l'un des meilleurs vins récoltés sur les terres du Chianti, le Pacina, est un simple « toscane ». D'autres vignerons voient leurs vins déclassés lors des dégustations d'agrément parce qu'ils sont jugés *atypiques* sur le plan gustatif – ils peuvent néanmoins être délicieux alors qu'un vin médiocre peut être lui jugé *représentatif*. Un esprit taquin pourrait d'ailleurs faire remarquer que, dans une appellation au niveau moyen déplorable, un vin exceptionnellement bon ne saurait être typique : l'amateur de vin aurait alors tort de se fier à l'étiquette pour acheter un vin de qualité.

Le droit est donc là pour protéger, parfois mal, les consommateurs et les producteurs. En revanche, il peine à fournir (mais ce n'est pas sa vocation) une définition suffisamment fine du vin. L'approche juridique installe dans l'univers de la *garantie*, de la *certification*, de l'*authenticité*, de la *fiabilité* et essaie de prémunir contre les pratiques frauduleuses, les contrefaçons, les détournements. Le droit vérifie les papiers d'identité du vin, en somme, et nous renvoie, comme je le disais au début du chapitre, à l'origine plutôt qu'à l'essence du vin même si, sur un point, une première propriété essentielle du vin est engagée dans la définition juridique : le vin est un produit agricole, il provient d'une terre cultivée et le droit s'attache, entre autres, à certifier les informations données sur l'étiquette pour identifier cette terre.

Un autre point de la définition juridique vaut d'être retenu et va nous permettre d'inaugurer la variation eidétique promise. J'ai écrit plus haut que la lapalissade n'en était pas une et que le vin n'était pas nécessairement un produit viticole. Pourquoi ? Parce qu'il ne va pas de soi que ce qu'on appelle *vin* soit nécessairement le produit de raisins pressés issus d'un plant de *Vitis vinifera*. Tout d'abord, il y a, pour l'essentiel en dehors de l'Europe, plusieurs autres plants qui sont utilisés (avec une inégale réussite) : *Vitis labrusca* (dont certains cépages étaient encore cultivés en France au début du XXe siècle puisqu'ils ont été interdits en 1935 : le clinton, l'herbemont, l'isabelle, le noah, l'othello) aux États-Unis, *Vitis amurensis* et *Vitis cognetiae* en Corée et au Japon. Par ailleurs, on désigne souvent comme « vin » des boissons qui comprennent autre chose que du raisin : vins d'orange, vins de noix, vins de citron – alors que d'autres vins aromatisés portent les noms de vermouth ou d'hypocras, dénués d'ambiguïté.

Mais il y a aussi du vin qui ne provient pas du tout de jus de raisin : vin de sureau (en Angleterre), vin de cerise (en Pologne), vin d'ananas (à Moorea), vin de palme (en Afrique et en Asie du Sud-Est). En Chine, le mot *jiu* qu'on traduit par « vin » désigne une boisson fermentée issue de céréales (riz, sorgho), parfois de féculents (patate douce) – le plus célèbre est le *huangjiu* qu'on traduit par « vin jaune » (rien à voir avec le vin jurassien, on le voit).

Malheureusement, le même terme *jiu* désigne aussi des eaux-de-vie – comme le *baijiu*, cousin du *shochu* japonais et du *soju* coréen (et de la vodka). Ironiquement, dans la plupart des restaurants chinois français, on offre comme digestif un *baijiu* bas de gamme et on l'appelle « saké ». Le terme *sake*, qui en japonais peut désigner toute boisson alcoolisée (au Japon, on appelle le saké « *nihonshu* », « alcool japonais », pour spécifier), devrait être réservé en France à la boisson japonaise issue de riz fermenté, dont le degré d'alcool est comparable à celui du vin. Mais on n'appelle jamais le saké vin de riz, curieusement ; pas plus que le cidre n'est désigné comme un vin de pomme et le poiré comme un vin de poire alors qu'il existe pourtant, pour ces trois produits, des bouteilles de très haute valeur gustative, d'un prix élevé, qu'on trouve chez les meilleurs cavistes et à la carte des plus grands restaurants (c'est moins fréquent avec le vin d'orange de votre belle-mère et avec le vin de cerise de votre oncle polonais).

Cette première variation eidétique permet de comprendre l'importance de la référence au *raisin* dans la définition du vin – dès lors qu'il existe un nom distinct pour le cidre ou le saké, il convient de réserver le terme de vin au produit (fermenté) de la vigne car rien ne justifie qu'on traite différemment la poire et la cerise, le riz et l'ananas. Afin d'éviter une autre confusion, il faudrait aussi réserver le terme de vin à un produit qui n'est pas aromatisé naturellement (macération de fruits ou de plantes) ou, *horresco referens*, artificiellement (adjonction d'arômes dits « naturels » – le « rosé pamplemousse », le « blanc pêche » et autres représentants de la tératologie œnologique). Un vin conforme à son essence est donc, au minimum, une boisson issue d'une terre agricole identifiable et identifiée, d'une part, et de raisins, d'autre part. Il est inutile de spécifier de *Vitis vinifera* car le choix d'un autre plant n'interdit pas de produire du vin, la question de la *qualité* étant distincte de celle de la conformité à la définition. Il y a de fort mauvais vins, issus de fort mauvais plants qui sont de « vrais » vins (*Vitis labrusca* donne souvent des vins « foxés », sentant le vieux renard) et des « vins » soit aromatisés (comme de superbes vermouths italiens), soit issus d'autres fruits qui sont délicieux mais qui ne sont pas des vins.

Ce serait pourtant une erreur de croire qu'on en a fini avec les cent mille nuances possibles de vin en affirmant qu'il n'y a de vin que de raisin car les cépages sont innombrables, des plus célèbres, cultivés partout (chardonnay, merlot, pinot noir, riesling, grenache, syrah, chenin, sauvignon) aux plus confidentiels (chatus, fié gris, gamaret, orbois, counoise, sacy, persan, gringet). Et, comme dans le vignoble corse, on n'en finit pas de redécouvrir des cépages autochtones rares ou oubliés : minustellu, carcaghjolu neru, rugughonna, riminese, morescone, aleaticu. Néanmoins, cette diversité n'ajoute rien à la *définition* du vin : celui-ci est fait de raisin et le cépage n'est que le nom du ou des variétés de raisin utilisées pour faire le vin. Il faut donc ajouter d'autres variations pour progresser dans notre définition.

Certaines variations peuvent être considérées comme inutiles car elles concernent des propriétés qui sont évidentes. Le vin est *liquide* : la mâche d'un vin ne peut aller jusqu'à considérer comme étant du vin un produit qui aurait l'épaisseur d'une marmelade ou d'une purée. Le vin est une boisson *modérément* alcoolisée : au-delà de 25 ou 30 %, on est face à un spiritueux, une liqueur, une eau-de-vie. Le vin présente un taux d'*acidité* volatile contenu : si certaines bouteilles ont parfois une « volatile » élevée, on ne saurait les confondre avec un vinaigre (il y en a d'excellents, peu acides du reste) sauf si le vin est abîmé. Une fois ces évidences rappelées, trois propriétés du vin méritent une analyse plus fine afin d'aboutir à une définition de l'essence du vin respectueuse de sa grande diversité. La *couleur*, le degré d'*alcool* et la *transformation* par la fermentation.

La couleur du vin fait partie de sa définition – non pas au sens où *une* couleur caractériserait *tout* vin (on se demande bien laquelle ce pourrait être !) mais au sens où tout vin relève d'une couleur. Un vin qui n'est ni rouge ni blanc ou mi-rouge mi-blanc est un rosé, ce n'est pas un « rouge-blanc » ou un « blanc-rouge » ; comme une fleur qui ne serait pas une fleur si elle n'était ni orange, ni bleue, ni jaune, etc., tout vin se rattache à une couleur – et un vin sans couleur serait comme une fleur « absente de tous bouquets », pour reprendre une formule de Mallarmé. Toute bouteille de vin doit donc pouvoir être rangée dans une « boîte » colorée : un vin est soit blanc, soit rouge, soit rosé, éventuellement orange (mais l'orange est un type de vin blanc, issu de macération, il rentre donc dans la première boîte). Un vin ne saurait être vert comme le péridot ou bleu comme les éponges d'Yves Klein – et les quelques « vins bleus » commercialisés comprennent des colorants (E 131, E 132, E 133), ceux du curaçao ou des bonbons Schtroumph© en gélatine, ce qui leur interdit de s'appeler « vin », sauf à relever des « pratiques commerciales trompeuses » et du « faux et usage de faux ».

Blanc, rouge, rosé, c'est tout. Mais remarquons d'emblée que le vin rouge n'est pas vraiment « rouge » – comme une rose, un géranium ou comme le chemisier de Grace Kelly lisant le magazine *Bazaar* à la fin de *Fenêtre sur cour*. C'est un rouge toujours mêlé de violet ou de brun – la couleur du vin rouge est d'ailleurs suffisamment singulière pour donner son nom à des teintes comme le « bordeaux » ou le « lie de vin ». Quant au vin blanc, il n'est pas du tout blanc : le lait est blanc, certains sakés troubles sont blancs, mais les différents vins blancs présentent plutôt des nuances de jaune. Seul le rosé est plutôt rose même si certaines flirtent avec l'orangé et d'autres avec un rouge pas vraiment pâle. Les nuances infinies de rouge, de rosé et surtout de blanc font penser à l'âge d'or de l'uroscopie, d'Hippocrate dans l'Antiquité grecque maniant la *matula* (ancêtre de l'urinal) à Michael Schüppach (recevant chaque jour des dizaines d'échantillons en provenance de toute l'Europe) au XVIIIe siècle, en passant par Issac Israeli ben Salomon, auteur au Xe siècle d'un *Liber urinarum*. L'examen des urines suivait du reste le même protocole que la dégustation du vin aujourd'hui : examens visuel et olfactif, estimation de la densité et même évaluation du goût – c'est le goût sucré de certaines urines qui a permis au médecin anglais Thomas Willis, au XVIIe siècle, de différencier pour la première fois le diabète sucré du diabète insipide.

Nuances de jaune, donc, pour le vin blanc. Et tout le spectre du jaune : de quelques reflets scintillants qui distinguent à peine le flacon d'une bouteille d'eau (une légende veut que le Château-

Carbonnieux blanc, cru classé de pessac-léognan, ait ainsi été vendu au XVIIIe siècle comme « eau minérale » à un sultan ottoman auquel sa religion interdisait la consommation d'alcool) au tuilé profond proche du marron, qu'on pourrait confondre avec un verre de café glacé, d'un vin andalou de type Sherry Cream. Mais aussi : orange lumineux d'un vin de macération géorgien, jaune soutenu d'un vin jaune de l'Étoile, or profond d'un bonnezeaux, œil-de-perdrix, tirant vers le rose et le gris, d'un franciacorta blanc de noirs, jaune citron d'un meursault blanc pas trop ancien, vieil or d'un vin moscato-passito-di-sardegna, brun presque noir d'un très vieux rivesaltes ambré ou d'un riesling *auslese* mosellan de soixante ans, limpidité aux reflets verdâtres d'un vinho-verde.

Blanc, rouge, rosé et des nuances inépuisables au sein de chaque couleur – on tient un autre élément de notre définition. Ajoutons à cela l'*alcool* : il n'y a de vin qu'alcoolisé et un « vin sans alcool » est une boisson désalcoolisée artificiellement – on produit du vin et on retire ensuite l'alcool, au moyen de techniques qui altèrent plus (chauffage) ou moins (osmose inverse) le goût de raisin fermenté. Mais, là aussi, le travail de variation permet de voir que les boissons issues de raisin et comprenant de l'alcool dans une proportion modérée sont très variées. Y compris entre deux bouteilles affichant le même degré d'alcool. En effet, l'étiquette ne garantit qu'un *minimum* mais le vin peut, en réalité, avoir un degré alcoolique plus élevé. Par ailleurs, le pourcentage d'alcool affiché prend des valeurs issues de l'ensemble des nombres décimaux et non de l'ensemble des nombres algébriques, ce qui oblige à une approximation. Il serait étonnant de voir sur une étiquette la mention : « degré d'alcool : racine carrée de 157 » qui peut, pourtant, être une bonne description de l'alcool contenu dans plusieurs vins (je vous laisse faire le calcul). Il est donc délicat, par la seule lecture de l'étiquette, de savoir, sans analyse chimique rigoureuse, quel est le *véritable* pourcentage d'alcool qui va devoir être métabolisé.

Si on fait abstraction de l'incertitude juridique et de l'approximation mathématique, il y a aussi un écart considérable entre les produits les moins forts en alcool (qui n'ont d'ailleurs pas le droit de porter le nom de vins, alors qu'ils sont en général divins) comme la cuvée Hystérie du domaine de Causse-Marines (1 %) ou les *essencia* hongroises de tokaj (entre 2 et 5 %) et, à l'autre bout du spectre, certains jerez, banyuls, muscats-de-lunel, de-beaumes-de-venise ou du-cap-corse, madères, portos qui approchent les 20 %. Et, entre les deux, autour d'un segment très peuplé, celui des vins entre 12 et 13,5 degrés d'alcool, on trouve des vins liquoreux allemands ou autrichiens qui naviguent entre 6 et 9 %, des pétillants naturels ou de méthode ancestrale conservant un peu de sucre résiduel* titrant entre 7 et 11 % et des rouges secs dont les raisins ont été chauffés au soleil du Midi et qui « montent », en Roussillon comme en Provence, en Languedoc comme sur la Côte d'Azur, jusqu'à 14,5, 15 voire 16 degrés d'alcool, ce qui modifie en profondeur leur goût, leur texture, leurs arômes. Quoi de commun entre un riesling beerenauslese allemand de 6,5 % et un riesling sélection de grains nobles alsacien de 14 % ? Quelques dizaines de kilomètres les séparent, le cépage est le même, le millésime peut être identique, le sol peut être géologiquement comparable mais ce sont deux objets totalement distincts, principalement par la différence du degré alcoolique – on imagine mal pouvoir boire autant de verres de l'un que de l'autre. Et pourtant les deux sont conformes à l'essence du vin, malgré leurs différences ; et on ne saurait les confondre avec un jus de grains de riesling (expérience que je déconseille fortement, il vaut mieux presser du muscat ou du chasselas) parce que ce dernier ne contient pas d'alcool.

Enfin, dernier pôle de la variation eidétique et dernier élément de la définition du vin : la *transformation* au moyen de la fermentation. Le vin est un produit *transformé* ; on pourrait même parler de *transfiguration* (sans aller jusqu'à l'idée de transsubstantiation, qu'on laisse à la théologie et qu'on évoquera dans le chapitre six). Les grappes de raisin n'ont ni la même forme ni la même figure que le vin parce que le vin appartient à la grande famille des produits *fermentés* (comme le pain, le fromage, le yaourt ou le thé noir). Boire du vin, c'est faire l'expérience de la consommation d'un produit transformé par cette opération chimique particulière. Par où la structure rencontre la genèse et l'identité l'origine – l'origine fermentaire du vin marque cette boisson en profondeur et même le vin (qui n'est pas du vin) désalcoolisé conserve une partie des arômes issus de la fermentation. La fermentation ne concerne donc pas simplement l'*histoire* de la fabrication du vin, elle concerne aussi la *définition* qu'on peut donner du vin.

Mais, là aussi, la variation donne le vertige, comme les effluves sortant d'une cuve dont le degré d'alcool et la température augmentent. Toutes les bouteilles ne contiennent pas un raisin fermenté de la même manière – les méthodes de fermentation sont variées. Il y a d'abord les vins qui vont au bout de leur fermentation alcoolique, qu'ils conservent ou non du sucre non transformé (vins moelleux, vins liquoreux). Parmi ces vins, on peut distinguer ceux qui font et ceux qui ne font pas une deuxième fermentation, la fermentation malolactique. Celle-ci arrondit les vins, leur donne du « gras » mais elle les rend parfois moins aptes au long vieillissement, en diminuant leur acidité. Il existe parfois une troisième fermentation, quand on ajoute du sucre dans la bouteille pour donner lieu à une prise de mousse.

Certains vins, en revanche, voient leur fermentation alcoolique interrompue par l'adjonction d'un alcool fort (eau-de-vie de vin ou alcool neutre) qui met fin à l'action des levures (qui transforment le sucre en alcool) et laisse une part importante de sucre résiduel tout en augmentant le taux d'alcool final. Le terme réglementaire pour désigner ces vins est « vins doux naturels » (VDN) – on évitera absolument pour les désigner l'expression de « vin cuit » (à réserver à une spécialité provençale, trop rare aujourd'hui, où l'on cuit le moût de raisin pour en concentrer le sucre). Dans cette rubrique, on rencontre le porto, le maury, le banyuls, le rivesaltes, le muscat de Frontignan ou le marsala. Il ne faut surtout pas confondre ces vins avec les mistelles qui, quoique souvent de qualité, ne devraient pas être désignées comme des vins alors que l'usage les appelle « vins de liqueur » : carthagène, macvin-du-jura, floc-de-gascogne, ratafia-de-champagne, pineau-des-charentes sont produits en mélangeant du jus de raisin non fermenté avec un alcool distillé (respectivement : eau-de-vie du Languedoc, marc du Jura, armagnac, marc de Champagne, cognac).

Les mistelles ne sont pas du raisin transformé par la fermentation : elles additionnent un produit distillé (issu du vin, lui, ce qui justifie qu'on puisse éventuellement tolérer l'expression « vin de liqueur ») à un jus sans alcool et leur degré d'alcool est semblable à celui des VDN – ce qui explique la confusion fréquente entre les deux produits alors que le goût en est pourtant très différent.

Voici pour finir la définition que nos différentes variations ont permis d'établir : le vin est une boisson qui vient d'un lieu spécifique, lieu qui a une importance dans l'évaluation de sa qualité ; il est issu de la transformation du raisin par un processus de fermentation, il a une couleur (soit blanc soit rouge soit rosé – éventuellement orange) et il contient de l'alcool (mais dans une proportion modérée, moins d'un cinquième). Si on me sert *cela*, je vais boire du vin ; mais comment savoir s'il est bon ? Patience : c'est l'objet du prochain chapitre.

Chapitre trois

Vin et esthétique
ou
Qu'est-ce qu'un bon vin ?

I made wine from the lilac tree
Put my heart in its recipe
It makes me see what I want to see

Nina Simone, « Lilac Wine »

Peut-on dire qu'un vin est objectivement bon ? David Hume, un philosophe écossais du XVIIIe siècle, amateur de bonne chère, empiriste et sceptique, a tenté de répondre à cette question dans un texte essentiel pour la discipline qu'on appelle *esthétique*, autrement dit la philosophie de l'art. Dans ses *Essais esthétiques*, au chapitre intitulé « De la norme du goût », il discute un passage du *Don Quichotte* de Cervantès dans lequel deux spécialistes sont convoqués pour évaluer la qualité d'un fût de vin. Le premier spécialiste le déclare excellent mais souligne un petit défaut : un léger goût de cuir de chèvre. Le second spécialiste l'évalue tout aussi favorablement avec néanmoins une réserve : un petit goût métallique. Tous les spectateurs se moquent des spécialistes voyant dans leurs scrupules un mélange de pinaillage et de pédantisme ; ils n'ont pas l'air sérieux avec cet arrière-goût minuscule et sur lequel ils ne sont même pas d'accord : du cuir ou du fer, enfin ? Tout cela semble bien subjectif et le goût des experts ne paraît pas meilleur que celui de n'importe quel buveur. Mais l'histoire n'est pas finie : le vin est bu et le tonneau vidé et on découvre au fond de celui-ci, avant de le nettoyer, « *una llave pequeña, pendiente de una correa de cordobán* » (« une petite clef, pendant à une courroie de cuir de Cordoue » – où le cuir est de chèvre). Les deux spécialistes avaient raison et la finesse de leur palais, et non leur imagination, leur avait permis d'identifier ces deux arômes, présents de manière infinitésimale, leur seuil de perception étant plus bas que celui des buveurs ordinaires. Linda Bartoshuk, une psychologue américaine, a popularisé le terme de *supertasters*, super-goûteurs, pour décrire les personnes capables, comme les deux personnages de Cervantès, d'identifier plus d'arômes que les autres – mais c'est une notion très contestable car cette finesse analytique est une qualité acquise par l'expérience là où le terme *supertasters* évoque un genre de superpouvoir inné.

Hume s'appuie sur cette histoire de vin, de clef et de cuir pour montrer qu'il y a des éléments objectifs dans le goût, malgré des différences d'aptitude entre les personnes pour des motifs corporels : certains sont capables de boire d'effroyables piquettes sans rien y trouver à redire, parce que pour eux tous les vins ont le même goût. Les deux facteurs principaux du goût sont les propriétés intrinsèques (*il y a* une clef dans le tonneau) de ce qui est goûté d'une part, et la pratique de la dégustation, d'autre part – son apprentissage lent, patient, minutieux, répétitif. Hume ne nie donc pas la *subjectivité* (Pierre et Paul ne sentent pas la même chose) mais il montre qu'on sous-estime des éléments *objectifs* dans le jugement sur le goût du vin : ce qui est présent dans le vin et la formation méthodique du goût. Dire qu'un vin est bon n'est alors pas simplement exprimer un point de vue personnel et parfaitement relatif ; cela peut aussi conduire à dire jusqu'à un certain point quelque chose de *vrai*.

Le texte de Hume a été beaucoup discuté dans la philosophie du vin anglo-américaine – Roger Scruton, Barry Smith ou Cain Todd, par exemple, reviennent régulièrement à lui, comme je viens de le faire. Hume nous encourage en effet à ne pas capituler au bénéfice d'une position certes consensuelle et confortable, mais tristement molle, un peu lâche et, à dire vrai, faible sur le plan philosophique et que résume la formule : « Des goûts et des couleurs, on ne saurait discuter » (*De gustibus et coloribus non disputandum*). Doit-on se résigner au « tout se vaut » en matière de vin ? L'étrange vin aigrelet que votre cousin s'obstine à produire dans son pré fécampois alors que tous les gens raisonnables lui disent de planter des pommes à cidre vaut-il vraiment un Château-Margaux sous prétexte que sa femme et ses enfants (ont-ils vraiment le choix ?) le boivent avec enthousiasme ? N'y a-t-il pas de solides raisons, autrement dit des arguments objectifs, de penser qu'un vin est meilleur qu'un autre ? En suivant la piste esquissée par Hume, on peut avancer deux hypothèses. Selon la première, un bon vin doit être conforme à sa définition – ses propriétés, telles qu'on les a énumérées au chapitre précédent, vont permettre de dire s'il est bon ou mauvais. Selon la seconde hypothèse, la pratique répétée de la dégustation, seule ou accompagnée de nourriture, à l'aveugle ou informée, comme on l'a vu dans le premier chapitre, permet de se prononcer de manière objective sur un vin. Mais on verra aussi que ces deux hypothèses ne doivent pas conduire à congédier la subjectivité qui a vocation à conserver une place éminente grâce au plaisir et à la joie que le vin procure.

Première hypothèse : un bon vin est un vin conforme à sa définition. Il s'inscrit dans ce que Husserl appelle un « horizon d'attente (*Erwartungshorizont*) effective et possible » (*Nature et esprit*, § 18). Vous allez chez le caviste – ce soir, c'est raclette. Vous achetez un vin de Savoie pour rester dans la couleur locale. Un nom retient votre attention parce qu'il vous fait rire : le cru Ripaille (ça promet !). Le caviste vous explique que la bouteille vient de Thonon-les-Bains et que son cépage est le chasselas. Vous avez souvenir d'avoir déjà mangé du chasselas (idéalement de Moissac) mais pas d'en avoir bu. Vous commencez à saliver en pensant à ce vin rafraîchissant comme une autre boisson célèbre de Thonon et le croquant très légèrement acidulé du raisin de table chasselas vous revient en mémoire. Vous vous dites, ce que le caviste confirme, que le vin « mangera » le gras du fromage fondu et que l'accord régional est idoine. En ouvrant la bouteille, vous espérez retrouver le contenu de cette définition et de ce que votre imagination vous a promis. Si la bouteille est conforme à vos attentes, ne vous déçoit pas, une expression de la philosophie médiévale peut fort bien décrire ce qui se passe : « *adaequatio rei et intellectus* ». L'adéquation de la chose et de l'intellect – la *chose* bue « colle » parfaitement à son *concept*.

On peut remarquer qu'il y a ici une parfaite symétrie avec ce qu'on a vu dans le chapitre précédent où l'on cherchait à construire une définition « collant » le plus possible à la chose qu'on cherchait à définir – le vin. On parcourt ici le même chemin mais dans l'autre sens : on apprécie qu'un vin corresponde à sa définition. On partait du vin qu'on buvait (sa forme *concrète*) pour s'élever jusqu'à une définition abstraite (son *essence*) ; on repart maintenant de cette abstraction pour redescendre jusqu'à la bouteille ouverte devant nous et évaluer si elle est *digne* de sa définition. Un pomerol doit avoir un goût de pomerol, un saint-estèphe de saint-estèphe, un pessac de pessac, etc. On peut décliner ce truisme pour les cépages – même si une belle bouteille transfigure son cépage et si l'appellation, par le jeu du terroir, doit en théorie prendre le pas sur le cépage, il faut quand même qu'un vin de syrah ait quelques caractéristiques d'un vin de syrah, un vin de grenache de grenache, etc. *Idem* pour le vigneron : on achète les vins d'un producteur parce qu'on reconnaît sa « patte » – les vins d'Hélène Cauvet, de Jean Massa ou de Pierre et Christian Roux avaient un goût qu'on ne retrouve plus dans ceux vinifiés par leurs successeurs sur les mêmes terrains, quels que soit leur compétence et leur talent. Les vins d'Hélène Cauvet étaient des vins d'Hélène Cauvet, ceux de Jean Massa de Jean Massa, etc. J'insiste sur cette série d'égalités de la forme « A = A » parce que le truisme n'en est pas un. Plusieurs philosophes et logiciens du XXe siècle, de Wittgenstein à Jean-Yves Girard, ont établi que cette égalité qu'on considère comme une *tautologie* (du grec *tauto*, « la même chose », la tautologie c'est dire deux fois la même chose) repose sur un socle logique complexe et qui peut et doit être explicité. Dans le cas de l'égalité entre le vin qu'on boit et sa définition, on ne met pas en rapport une chose avec elle-même, comme le donne à penser, illusoirement, la répétition des termes (« un pessac est un pessac »). Non, on met en relation un morceau du réel avec un extrait de notre savoir ; on vérifie si le *monde* est bien conforme à ce qu'en raconte le *livre du monde* qu'on a lu et qu'on maîtrise plus ou moins. Je dispose d'une définition, j'ai devant moi un verre de vin, si ces deux réalités s'emboîtent, tout va bien.

Cette adéquation suffit-elle pour parler d'un bon vin ? Non, bien sûr. Et ce n'est même pas toujours une condition nécessaire. Il y a des vins merveilleux qui ne sont en rien *représentatifs* de leur appellation (on a vu que certains se voyaient refuser l'agrément pour ce motif) ou de leur millésime (il arrive qu'un château rate un grand millésime et qu'un autre se surpasse lors d'un petit millésime) ou de leur producteur (un vigneron peut aimer se battre contre lui-même, casser sa routine, s'amuser à surprendre). Il y a des vins marginaux et excellents dans leur atypicité : le muscat sec du domaine des Bernardins à Beaumes-de-Venise ne ressemble pas du tout aux autres vins issus du même terroir et leur muscat-de-beaumes-de-venise, pas beaucoup plus, avec sa liqueur foncée par le muscat rose et sa texture épaisse qui appelle le long vieillissement, quand on boit la plupart des muscats de cette appellation sur le fruit de leur jeunesse.

Néanmoins, dans la plupart des cas, un bon vin est forcément un vin conforme à ce qu'on peut attendre de son terroir, de son année, de son producteur, de son appellation, de son cépage. Mais, malheureusement, et c'est assez fréquent, surtout pour les appellations, un vin peut correspondre à sa définition, être représentatif de ce qu'on peut attendre de lui, et être néanmoins décevant. Car un bon vin est un vin qui apporte du plaisir, de la satisfaction, un vin qu'on boit avec délectation. Cette même délectation rend d'ailleurs tout à fait acceptable l'écart par rapport à la définition. Le Ripaille de la raclette ressemble moins à l'eau minérale de Thonon que dans votre fantasme mais, au bout du compte, il se marie harmonieusement avec la raclette, elle-même plus parfumée que d'habitude (il était temps de changer de fromager). La rencontre entre le vin et le plat est heureuse : chacun magnifie l'autre, amplifie ses saveurs propres et chacun relance l'envie de boire ou de manger l'autre. L'acidité du vin de Savoie « nettoie » le palais après chaque bouchée de fromage fondu et vous dispose à vous resservir. Le vinaigre des cornichons et des oignons joue une autre partition avec la bouteille, celle de la complicité et de la familiarité, au bénéfice du vin qui semble moins acide. Encore un peu de fromage, déposé maintenant sur une pomme de terre chaude – celle-ci diminue légèrement la sensation de gras et permet au Ripaille de dévoiler ses arômes et de ne pas être enfermé dans son rôle rafraîchissant. Cela vous rend attentif à son nez que vous imaginiez plus discret mais qui, le verre se réchauffant, le vin s'ouvrant lentement, commence à vous entraîner du côté des fruits blancs et des amandes.

En décevant vos attentes, le vin du caviste vous a comblé de bonheur – non par goût de la déception (tout existe…) mais parce que le plaisir importe ici plus que l'adéquation au concept. Problème : n'est-on pas alors replongé dans l'enfer de l'hypersubjectivité ? Si seul le plaisir compte, alors l'ami de la piquette fécampoise qui troue l'estomac n'a pas moins raison que le grand amateur qui se délecte en comparant les gevrey, les chambolle et les morey ? C'est une thèse qu'on peut, dans une certaine mesure, soutenir. On peut du reste rapprocher cela d'autres plaisirs, ceux de la vie érotique : entre le passionné de talons aiguilles, l'amatrice de fessées, la collectionneuse (ou le collectionneur) de slips kangourou, l'exhibitionniste des jardins publics, celui qui ne sort pas sans ses *chaps*, celle qui ne sort pas sans son porte-jarretelles (ou l'inverse) et le « croûtenard », nul dialogue possible, nulle comparaison raisonnable – chacun sa manie et on revient à *De gustibus*..., surtout si on a l'idée baroque de faire se rencontrer ces amateurs « spécialisés » et des pratiquants d'une sexualité *straight*, *vanilla*, autrement dit « classique ». Ils ne *vivent* pas la même vie, n'éprouvent pas les mêmes choses et certains des seconds peuvent être traumatisés face au spectacle des délices des premiers, tout comme le buveur de grands bourgognes confronté au vin de Fécamp.

La seconde hypothèse vise à fixer des bornes à ce *relativisme intégral* du plaisir en matière de vins. Sans moralisme aucun, cela va sans dire : il ne saurait jamais y avoir de mal à se faire du bien (entre adultes consentants), en matière sexuelle comme en matière vineuse. Et qui est heureux avec son vin gavé de sulfites*, acide à déboucher une canalisation ou au nez oscillant entre la sueur, les fruits blets et le sconse, mérite absolument le respect – on peut même évoquer à son propos la première béatitude : « Heureux les esprits simples, car le royaume des cieux est à eux. » Ce respect dû rappelé, il n'est pas interdit de réfléchir aux conditions de possibilité d'un jugement de goût qui, en matière de vin, viserait à l'objectivité en s'occupant du plaisir ressenti et non pas simplement de la conformité à la définition. Qu'il puisse y avoir une certaine objectivité dans le plaisir qu'une bouteille procure trouve une solide illustration dans l'existence de guides des meilleurs vins, de journalistes spécialisés ou, plus simplement, dans l'expérience quotidienne de tout amateur éclairé, volontiers appelé à la rescousse (« Dis-moi, je ne sais vraiment pas quoi servir avec des langoustines »). Si l'on demande à quelqu'un d'autre, et *a fortiori* à un expert qu'on n'a jamais rencontré et dont on achète simplement le guide, de nous orienter vers la satisfaction de notre propre plaisir vinique, cela montre qu'on croit que sa pratique de spécialiste peut *objectivement* permettre d'améliorer mon expérience *subjective* (c'est aussi le genre de choses qu'on attend d'un sexologue, pour revenir sur un autre plaisir mentionné auparavant). Robert Parker ou Jancis Robinson ou Michel Bettane me conseillent, via un livre ou un article, de boire une bouteille mais c'est *moi* qui vais la boire ; ils décrivent leur grande satisfaction à avoir bu cette bouteille mais ils ne la boivent pas à ma place. On *croit* que leur plaisir est annonciateur du nôtre, parce qu'on leur fait confiance.

Paradoxalement, ces experts dont la qualité est reconnue au point de déterminer largement le prix des bouteilles de vin sur le marché mondial défendent une conception globalement *subjectiviste* du goût du vin sur le plan du *plaisir*, alors qu'ils considèrent pourtant que leur expérience leur permet de mieux juger de la qualité des vins. Ils estiment que, même si leur palais est plus cultivé que celui de la moyenne des buveurs de vin, les notes ou commentaires qu'ils attribuent aux vins ne peuvent que refléter leurs propres préférences, pour tel ou tel style de vin, tel ou tel équilibre entre matière et acidité, telle ou telle appellation. La flambée des prix qui découlait de l'attribution par Robert Parker d'une note de 100 sur 100 à un vin n'aurait-elle donc été que le produit d'une confusion des consommateurs entre leurs subjectivités et celle du célèbre critique ? Ceux qu'on appelle aujourd'hui des « influenceurs » seraient-ils donc simplement des personnes donnant leur avis et cette opinion n'engagerait-elle rien pour les autres ? C'est vrai pour partie : certaines personnes ont acheté des vins bien notés par Robert Parker et ne les ont pas aimés ensuite ; d'autres ont acheté ces vins pour de mauvaises raisons, comme les revendre plus tard en spéculant sur la bonne note. Mais cela ne fait que déplacer le problème : imaginons que j'achète une vingtaine de vins conseillés par un grand critique et qu'ils ne m'apportent pas vraiment de plaisir. Je vais changer de prescripteur, sauf si je suis complètement stupide. Si certains noms de critiques s'imposent mondialement, c'est bien parce que leurs suggestions ont été pertinentes et source de plaisir pour les acheteurs correspondants.

La discipline philosophique intitulée *épistémologie sociale** permet de mettre en lumière les *raisons* de faire confiance à un expert plutôt qu'à un autre et de se retrouver dans ses conseils. Elle montre qu'il est, de façon générale, impossible de ne faire *aucun* crédit au jugement et à l'expérience d'autrui comme le voudrait une forme de relativisme extrême (« J'attends d'avoir bu du montrachet pour me faire un avis ; peut-être que c'est complètement fadasse et inférieur à un petit mâcon-villages »). La vie quotidienne est tissée de milliers de croyances indispensables qui ne reposent pas sur une expérience directe. Beaucoup de personnes prennent l'avion, peu sont capables de le piloter et encore moins peuvent refaire les équations qui ont permis aux ingénieurs en aéronautique de le construire. Et pourtant, sans rien pouvoir vérifier soi-même ou recalculer, on *croit* le pilote capable de nous mener à bon port et on *croit* que les ingénieurs ont conçu un appareil qui jamais ne pourrait s'écraser. On peut dire la même chose d'une grande partie du contenu des livres d'une bibliothèque universitaire – les livres d'astrophysique, de biologie moléculaire, de théorie de la démonstration, de mécanique des fluides ou la *Grande Logique* de Hegel sont considérés comme disant des choses *vraies*, ou en tout cas *pas n'importe quoi*, par un nombre important de personnes, par ailleurs incapables de savoir, de près ou de loin, si c'est le cas (il n'est du reste pas exclu qu'elles se trompent, en particulier pour le dernier item de la liste). Bref : il y a de bonnes raisons de croire les critiques de vin reconnus et la principale tient à leur pratique ancienne et répétée de la dégustation de vins variés, tant sur le plan de leur origine que sur celui de leur qualité. Déguster tous les ans pendant trente ans tous les crus classés bordelais (comme lors de la campagne des primeurs) construit par exemple une capacité à hiérarchiser qualitativement ces crus qui justifie la confiance qu'on place en ces critiques et leurs revues.

Certes, on pourrait imaginer, à la manière de quelques mauvais films qui sont parfois néanmoins des succès par le jeu de recommandations abusivement enthousiastes de critiques peu fiables, que les amateurs boivent de fort mauvaises bouteilles et s'imaginent les trouver bonnes uniquement parce qu'elles ont plu à tel ou tel critique renommé, par un pénible mélange de corruption initiale et de mimétisme ultérieur. Mais un tel *soupçon* ne résiste pas à l'expérience que peut faire tout un chacun : acheter pendant six mois des vins au hasard, dans un rayon de supermarché (prendre, par exemple, la deuxième bouteille à droite pour chaque appellation). Je précise immédiatement que cette expérience ne vise pas à valoriser l'achat de vin en supermarché (où il n'y a pas que de mauvaises bouteilles, contrairement à ce qu'un certain snobisme veut laisser penser) mais tout simplement à construire une expérience probante. En achetant son vin sur un site d'achat en ligne de qualité ou chez un caviste, on « risque » de tomber sur un excellent professionnel dont tous les vins à la vente seraient de grande qualité, ce qui fausserait l'expérience. En regard de ce premier lot de hasard et de grande surface, on constitue un second lot, comprenant le même nombre de bouteilles, en achetant pendant six mois des vins recommandés par n'importe quel critique de vin reconnu. Je précise « reconnu » parce qu'il existe (assez peu et je ne donnerai pas de noms !) de très mauvais critiques et des guides et revues à fuir absolument. Ils semblent au service de grosses enseignes commerciales ou d'énormes négociants sans foi ni loi : ils ne disent du bien de certaines bouteilles qu'en échange d'un bien nommé pot-de-vin (qui, il faut le leur souhaiter, n'est pas réglé au moyen de caisses desdits rossignols).

Une fois les deux échantillons constitués, on compare. La première série de vins devrait comprendre de bonnes surprises, si on a été très chanceux, et la seconde série quelques petites déceptions, si on l'a moins été. Le premier échantillon apporte son lot d'aigreurs d'estomac, de céphalées et surtout d'instants ternes et mous. Les éventuelles déceptions du second lot correspondent plutôt à des *divergences de goût* ou à une impression de surévaluation ou de sous-évaluation de telle ou telle bouteille. Les vins de la seconde série sont bons mais on peut les apprécier un peu plus ou un peu moins que le critique renommé qui en avait fait l'éloge. Pourquoi sont-ils objectivement plutôt bons ? Parce que même si le fait d'*aimer* tel vin plutôt que tel autre (comme préférer la confiture d'oranges amères à la confiture de fraises) renvoie à une dimension subjective légitimement mise en avant par les critiques, être capable d'*évaluer* les qualités d'un vin renvoie à des données objectives : maturité du raisin, équilibre général, capacité à vieillir, présence forte ou légère de l'élevage. Et ces données objectives supposent, pour être correctement appréhendées et maîtrisées, une longue expérience et des dégustations comparatives virtuellement infinies. Il suffit pour s'en rendre compte de lire quelques pages de Michel Bettane consacrées aux sols et aux crus bourguignons ou alsaciens, dessinant une mosaïque délicate mettant en avant la spécificité de chaque arpent de terre de ces deux vignobles. Seule une très ancienne et très méthodique pratique permet de développer un regard juste sur chaque bouteille ouverte en étant capable, en s'appuyant sur la mémoire encyclopédique et hypersensible d'un dégustateur professionnel au long cours, de situer exactement celle-ci et de mesurer le plaisir qu'elle est susceptible de procurer à qui aime ce type de vin. Car on ne peut pas juger un côtes-de-toul comme un château-chalon ou un chiroubles comme un chambertin-clos-de-bèze ou un vin d'une année médiocre comme un vin d'un des grands millésimes du siècle. Certains préfèrent boire un côtes-de-toul plutôt qu'un château-chalon et, pour n'importe qui, il y a des moments où l'on a plus envie d'un vin modeste que d'un vin complexe. Il faut donc connaître son propre goût, ses propres inclinations, savoir ce qui nous fait plaisir, bref, découvrir sa subjectivité, pour pouvoir profiter pleinement de l'objectivité du jugement des spécialistes.

Le buveur ponctuel de vin se distingue nettement du grand amateur, de l'expert ou du véritable connaisseur en ceci, justement : la capacité à pouvoir trouver bon un vin qu'il n'aime pas, tout comme un excellent critique musical ou littéraire va savoir reconnaître les qualités esthétiques objectives d'une œuvre qui, pourtant, ne lui apporte pas de satisfaction personnelle. Si l'on suit le Kant de la *Critique de la faculté de juger*, on pourrait même aller jusqu'à dire qu'il faudrait ne pas éprouver de plaisir sensuel pour s'élever jusqu'à un beau objectif, le plaisir rabaissant l'expérience du beau à la simple satisfaction d'un besoin. Cette conception conduit Kant à refuser que les plaisirs gustatifs puissent relever du beau. Il y a de bons vins mais il n'y a pas de beaux vins, dans la perspective kantienne. Or, quoi qu'en dise Kant, le bon peut *aussi* être beau. Il existe, bien sûr, comme il a raison de le souligner, du beau qu'on ne trouve pas spécialement *bon*, non pas au sens où on le trouverait *mauvais*, ni même vaguement buvable, mais au sens de « pas bon pour moi » – un vin beau objectivement mais ne m'apportant pas de plaisir *subjectif*. Mais le fait qu'il existe de beaux vins qui ne nous apportent pas de plaisir, alors même qu'on les trouve beaux, ne veut pas dire, comme l'analyse kantienne devrait logiquement nous y conduire, que seuls ces vins seraient *vraiment* beaux. Bourdieu l'a montré dans *La Distinction*, le propos de Kant est intégralement construit sur le refus du plaisir physique, sensuel, jugé comme impur et condamnable – ce n'est pas parce qu'un vin m'apporte moins sur un plan (le plaisir) qu'il serait supérieur sur un autre plan (l'expérience esthétique). Un vin peut « cocher toutes les cases » : être parfaitement accompli et me procurer un immense plaisir ; son plein accomplissement esthétique ne saurait être conditionné par son incapacité à me rendre pleinement heureux.

Cela peut surprendre néanmoins : comment un vin peut-il ne pas me plaire alors qu'il est objectivement bon ? Tout d'abord, il faut remarquer que c'est assez rare : plus on aime le vin, plus on en est curieux, plus on boit des vins différents, plus on éduque son palais et plus on apprend à aimer des vins qu'on n'aimait pas avant. Tout comme le jeune buveur commence par apprécier seulement le vin liquoreux (c'est sucré) et le champagne (les bulles, c'est rigolo) avant de dompter le boisé, l'amertume et l'acidité du rouge et du blanc sec. Mais même pour un bec fin et éduqué, il reste des préférences et quelques désintérêts marqués. Est-il vraiment possible d'aimer tous les bons vins ? Peut-être y a-t-il, dans cette forme d'amour comme dans d'autres formes d'amour, tournées vers d'autres objets, la nécessité d'une *élection*, conformément au proverbe « Qui trop embrasse mal étreint » ? Difficile à dire. Le plus important, pour la question qui nous occupe dans ce chapitre, est de comprendre qu'on peut estimer un vin bon quand bien même il ne nous apporte pas un plaisir aussi vif que celui qu'il peut procurer à celui qui aura avec lui des affinités plus directement électives. Si on fait une comparaison avec la peinture, il y a ainsi des artistes dont on sait reconnaître le talent mais qu'on n'apprécie pas. Il y en a en revanche dont on pense que la gloire est usurpée. Il y en a enfin qu'on trouve talentueux et dont on aimerait posséder une toile dans son salon.

Ne congédions néanmoins pas trop vite le plaisir. Doit-on se résigner à opposer, parmi les vins qui sont bons, ceux qui donnent du plaisir à certains et ceux qui donnent du plaisir à d'autres ? N'y a-t-il pas une certaine satisfaction, une sensation plaisante, quand on boit une bonne bouteille, indépendamment du fait qu'elle soit ou non à notre goût ? Il y a, chez Sade, des plaisirs qu'il appelle « sublimes » et qui sont éloignés de son propre corps, de sa sensualité. Des plaisirs qu'on dirait aujourd'hui purement cérébraux, qui n'engagent aucun contact physique et sont tout entiers réalisés par l'accomplissement d'une idée : un crime, une torture, une souillure qu'on observe à distance, avec une lunette, comme dans *Salò ou les 120 journées de Sodome* de Pasolini. Je bois un vin qui n'est pas à mon goût mais il est bon – je l'analyse en détail, je le compare avec des bouteilles proches, je pense au paysage qui l'a vu naître, je me souviens du vigneron, je discute la valeur de ce millésime un peu chaud. Les mots échangés avec les amis, les réflexions inspirées par le vin, tout cela me met dans un certain état, et ce bon vin m'apporte quelque chose, que je l'aime ou pas. Le terme adéquat pour décrire le sentiment que je traverse n'est probablement pas celui de plaisir, même s'il y a un genre de plaisir intellectuel dans la compréhension du vin. Le bon terme est celui de *joie* au sens de Clément Rosset : une joie qui correspond à la pleine sensation d'exister et d'accepter le réel tel qu'il est, le seul réel, dans sa diversité et sa bigarrure, le réel plein de choses délicieuses mais aussi de choses mauvaises, le réel unique que seule la tautologie peut appréhender. Le réel est le réel, il n'y a pas un *autre* réel. Dans ce réel unique, tout a sa place, même si l'ensemble est parfaitement dénué de *signification* (il n'y a pas de grand horloger ordonnant toutes choses chez Rosset) : le vin aigrelet fécampois comme le Château-Margaux, le côtes-de-toul comme le château-chalon, le vin que je n'aime pas comme le vin que j'aime. En acceptant le réel, j'éprouve de la joie à en explorer les moindres recoins et je passe un moment charmant en buvant un vin que je n'aime pas, surtout s'il est bon – et même s'il n'est pas bon, la vraie joie permettant d'accepter aussi le « picrate ».

Kent Bach décrit très astucieusement la nature du plaisir pris à déguster un bon vin dans un article du volume *Questions of Taste. The Philosophy of Wine* coordonné par Barry Smith : « Déguster du vin n'est pas comme observer des oiseaux ou regarder passer les trains. Dans ces deux pratiques, le plaisir tient à la reconnaissance et à l'identification. Avec le vin, le plaisir de sentir et de goûter vient en premier. Reconnaître et identifier les arômes et les saveurs arrive seulement en second et procure un plaisir cognitif centré sur la source du plaisir des sens. » Je parlerais pour ma part plutôt de joie que de plaisir, en suivant Rosset. Autant Kent Bach a raison de montrer que le plaisir pris en dégustant un vin n'est en effet en rien comparable aux pures satisfactions intellectuelles des collectionneurs et des observateurs obsessionnels, parce que c'est avant tout un plaisir sensoriel, autant il arrive qu'une dégustation puisse être un moment de joie pour des motifs qui touchent principalement à des enjeux de connaissance et d'identification – ceux-ci ne prenant pas nécessairement la forme d'un « plaisir cognitif », comme celui des ornithologues amateurs et des *trainspotters*. Et cette joie ne se résume pas non plus à l'exploration de la source du plaisir sensoriel car, précisément, il arrive qu'il n'y ait aucune fête des sens face à certains vins (malgré tout bons) et au cœur d'une expérience enrichissante intellectuellement et joyeuse de part en part.

Allons plus loin : et si c'était l'inverse ? Et si la reconnaissance et l'identification, loin d'être la *source* du plaisir sensoriel, avaient pour origine l'activité sensorielle ? Et si nos connaissances, et les satisfactions intellectuelles afférentes, n'étaient rien d'autre que des sensations affinées et raffinées ? Et si « le plaisir de sentir et de goûter » dont parle Kent Bach venait, en effet, « en premier » mais pas dans le sens où il l'entend. En premier, parce que nos savoirs découleraient tous de ces sensations. C'était l'hypothèse de Condillac au XVIIIe siècle et les travaux philosophiques récents qui s'attachent à réhabiliter les sens méprisés ou négligés, comme l'odorat

(Chantal Jaquet) ou le toucher (Jean-Luc Nancy, Jacques Derrida), permettent aussi d'ancrer l'origine de nos connaissances dans nos premières sensations. Lors de sa gestation, le fœtus est baigné dans un environnement où goût et toucher l'emportent non seulement sur la vue mais aussi sur la plupart des activités cognitives qui apparaissent pour l'essentiel tardivement et en grande partie après la naissance. De la même manière, on peut concevoir que les jeux intellectuels auxquels on se livre en dégustant une bouteille et qui nous mettent en joie trouvent leur racine dans la longue fréquentation du vin et que ce compagnonnage durable ait fini par émousser certains plaisirs des sens, présents au départ. Vous aimiez bien, il y a quelques années, les notes entêtantes de litchi du gewurztraminer et de buis du sauvignon mais vous vous en êtes lassé et vous ne supportez plus que des alsace ou des sancerre d'un certain âge, où le terroir l'emporte sur le cépage et gomme ces arômes variétaux. Cela ne vous empêche pas de dire que le vin jeune qu'on vous sert est bon, et de le dire avec compétence, quand bien même une bière ou un pastis vous plairait plus, ce soir-là.

On a comparé de nombreux plaisirs, on a tenté de démêler l'objectif et le subjectif et de déterminer les conditions de possibilité pour dire d'un vin qu'il est *bon*, en évitant de sombrer dans le relativisme intégral qui revient à dire qu'est bon « ce qui me plaît » et mauvais « ce qui me déplaît ». Mais à force de comparer, de tester, de distinguer, d'y revenir sans cesse (comme dans le système complexe du pain, du vin et du fromage : il faut toujours reprendre de l'un parce qu'il reste un peu des deux autres), on commence à voir un peu flou et à rire ou pleurer pour un rien. On éprouve la limite de nos travaux pratiques et de nos scrupules scientifiques. L'alcool du vin nous rattrape et l'ivresse s'installe dans la discussion. Il est temps de s'asseoir, d'arrêter de se resservir et d'en parler calmement.

Chapitre quatre

Vin et alcool ou Qu'importe le flacon pourvu qu'on ait l'ivresse ?

I was thinking about what's mine
I was living my life like a Hollywood
But I was dying, dying on the vine

John Cale, « Dying on the Vine »

Qu'on déguste à petites gorgées avec une grande concentration ou qu'on boive à grandes lampées sans considération pour la bouteille, on ingère une certaine quantité d'alcool que notre corps va devoir ensuite prendre en charge. Il n'est pas rare qu'on avale du vin avec ce seul objectif : introduire de l'alcool dans son sang. Parce qu'on est atteint d'une maladie qui rend nécessaire cet alcool pour vivre normalement (l'alcoolisme) ou bien parce que cet objectif est associé à un état qu'on recherche, l'ivresse. D'un léger état d'ébriété qui désinhibe à une soûlerie profonde qui empêche de se tenir debout et d'articuler, en passant par le « vin joyeux » qui vous transforme en convive apprécié, nombreuses sont les formes de cette altération de la conscience que la médecine a identifiées depuis longtemps. On peut être « un peu pompette » comme être « ivre mort ». Cet effet, bien documenté, justifie qu'on considère le vin comme une drogue, si l'on entend par là un produit susceptible d'avoir un effet sur les capacités psychiques et physiques des individus, d'une part, et dont la posologie, d'autre part, doit être examinée avec attention car il y a un risque létal en cas de surdosage et un risque d'addiction en cas de consommation trop fréquente. On peut dire cela de produits en vente libre (café, tabac, sucre) comme de produits faisant l'objet d'une régulation (codéine, morphine, cannabis) voire d'une interdiction (cocaïne, héroïne, méthamphétamine). La langue anglaise emploie d'ailleurs le terme générique d'*intoxication* pour décrire ce qu'on appelle « ivresse », portant en lui l'idée d'une toxicité que la langue française préfère réserver aux empoisonnements.

Dire que le vin est une drogue ne signifie en rien qu'il faille obligatoirement se détourner de lui et de tous les produits qui contiennent de l'alcool. Sauf, bien évidemment, pour des motifs religieux ou si l'on considère que toute modification, même minime, du flux de conscience devrait être évitée. Il conviendrait alors de ne pas boire de café, ni même de thé, il faudrait attendre sereinement la fin des céphalées et ne recourir ni au paracétamol, ni à l'aspirine, ni à l'ibuprofène, il faudrait se méfier du chocolat, qui peut rendre un peu euphorique et, surtout, vérifier que le nectar d'abricot ouvert depuis quatre jours n'a pas commencé à (légèrement) fermenter. Mais cela ne suffit pas : il faudrait aussi se tenir à distance d'activités intellectuelles, culturelles, physiques, spirituelles exaltantes et addictives. Forcez-vous à ne pas lire les vingt dernières pages d'un Patricia Highsmith, entraînez-vous à ne pas regarder le dernier épisode de la dernière saison de *Game of Thrones* après avoir vu tous les autres, rompez, par pure inconséquence, avec la personne que vous aimez, le *manque* qui va vous tenailler risque d'évoquer celui du *crackhead* ou de celui qu'on contraindrait (cruellement) à boire de la Vittel avec son munster. Comme l'écrit Baudelaire dans *Le Spleen de Paris* : « Il faut être toujours ivre. Tout est là : c'est l'unique question. Pour ne pas sentir l'horrible fardeau du Temps qui brise vos épaules et vous penche vers la terre, il faut vous enivrer sans trêve. Mais de quoi ? De vin, de poésie ou de vertu, à votre guise. Mais enivrez-vous. »

Sauf à vouloir se détacher radicalement du monde (et à supposer que le détachement lui-même ne constitue pas une forme d'addiction), il est, on le voit, difficile de ne succomber à *aucune* drogue. Et si on abandonne à leur sort les ascètes surhumains, il reste à déterminer comment tout un chacun doit composer avec les différentes drogues, plus ou moins licites. Deux principes peuvent guider l'action : la modération et le rapport bénéfices/risques.

Que la consommation de vin doive être modérée n'est pas seulement un slogan hygiéniste et ne se résume pas à une campagne de santé publique. Qu'il y ait des jours sans vin permet, certes, au foie et aux autres organes de se reposer un peu mais, surtout, cela augmente le plaisir pris en buvant, comme celui qui mange légèrement les deux ou trois jours qui précèdent une soirée dans un restaurant étoilé afin d'aiguiser ses sens. Boire rarement ou du moins de manière discontinue permet aussi de se tenir à distance de la spirale mortifère qui aboutit, d'abord, à s'ennuyer quand on ne boit pas et, ensuite, à ne plus supporter physiquement l'absence d'alcool dans son corps (tremblement des mains, irritabilité, sudation excessive et autres symptômes du sevrage alcoolique). Bref : le plaisir et la curiosité de la dégustation du vin s'acclimatent mal de la routine et de la nécessité pathologique, d'où l'intérêt de la modération pour l'amateur de vin.

Le rapport bénéfices/risques est un autre principe important : rien ne prouve, malgré les travaux savants d'équipes médicales volontiers bordelaises, bourguignonnes ou champenoises, que la consommation de vin, même très modérée, soit bonne pour la santé. Il est même assez probable qu'un seul verre de vin, ponctuel, apporte, sur le plan physiologique, plus de mal que de bien ; mais cela se joue dans des proportions infinitésimales et, comme souvent en médecine, selon des formes très variées d'un individu à un autre. Néanmoins, la physiologie n'épuise pas le champ médical et l'effet sur l'humeur d'un patient de son petit quart de rouge peut largement compenser la modeste nuisance pour son estomac ou ses reins quand il s'agit de considérer son état de santé général et même son espérance de vie. Il n'en demeure pas moins que le danger ne saurait être nul en matière d'alcool ; l'intérêt, la joie, la connaissance du vin – autant de *purs bénéfices* – doivent donc toujours être mis en relation avec les *risques* que sa consommation fait courir. Encore une fois, ce n'est pas ici l'apanage du vin : on doit accomplir les mêmes arbitrages avec le café, le chocolat ou les séries – quand bien même les risques paraissent moins spectaculaires (quoique la caféine empêche de dormir, ce qui peut entraîner de graves troubles de santé, et le *binge watching* être à l'origine de dérégulations sociales, sans compter le chocolat dont l'excès peut entraîner obésité morbide et diabète).

Mais il y a une autre balance bénéfices/risques à prendre en considération pour la philosophie du vin : les risques qu'on fait courir à notre connaissance du vin en succombant à l'ivresse. C'est alors un dilemme pour toute personne qui va déguster chez un vigneron ou dans un salon. Puis-je vraiment apprécier un vin sans l'avaler ? Et puis, n'est-ce pas un peu vexant pour le vigneron que de mettre ainsi à la poubelle le travail d'un an voire de plusieurs décennies pour un très long élevage de type oxydatif ? Mais si j'avale un fond de verre, puis un deuxième, puis un troisième, puis un quatrième, puis un cinquième, suis-je encore suffisamment vigilant pour apprécier le sixième vin ? Peut-être vais-je trouver le quatorzième échantillon excellent dans l'euphorie du début d'ébriété ? Et, très probablement, vais-je être incapable de goûter le cinquantième verre du Salon des vignerons indépendants parce que je serai au sol, en train de ronfler dans un recoin du Parc des expositions… Cela n'arrivera pas si je recrache tout dès le premier verre et je pourrai alors prendre des notes sur chaque vin. Ce sera en revanche sans éprouver la griserie sympathique et superficielle qui accompagne la consommation « normale » de ces mêmes vins. D'où la difficulté des soirées chez des amis passionnés qui tiennent absolument à ouvrir pour vous une douzaine de magnums – comment recracher ces splendeurs ? Mais comment *vraiment* apprécier les cinq derniers magnums ?

L'ivresse peut aider à aimer le vin – comme pour d'autres boissons alcoolisées, on recherche souvent, adolescent, ces boissons (bière, vodka et whisky bas de gamme) pour le mélange d'exaltation et d'abrutissement qu'elles procurent alors même qu'on en trouve le goût immonde (amertume agressive, goût de régurgitation avant même l'ingestion). En revanche, quand il s'agit de comprendre le vin et de le connaître objectivement, l'excès d'ébriété nuit à l'utilisation de sa mémoire et de ses facultés d'analyse. De même qu'en fin de soirée, la soûlerie peut rendre exagérément sentimental (on aime tout le monde, tout le monde est beau, on pleure pour un rien) ou déraisonnablement bon public (toutes les blagues deviennent drôles, même celles de bon goût), il est délicat d'avoir une opinion sensée sur ce qu'on est en train de boire quand on a déjà trop bu (conseil d'ami : conservez les bouteilles bouchonnées et passées pour les toutes fins de soirée, elles sont idéales pour accompagner des karaokés des années 1980 et autres naufrages avinés et vos amis vous sauront gré d'avoir gentiment continué à les resservir ; ils seront sensibles au geste, faute d'être encore en état de savoir ce qu'ils boivent ou de s'en souvenir le lendemain). Cette altération de la faculté de juger n'est pour autant pas imputable à la seule ivresse : on l'observe chaque fois qu'une émotion forte s'invite dans une expérience esthétique. Ainsi, un film extrêmement drôle ou terriblement mélodramatique peut faire tellement rire ou pleurer qu'on perd de vue la qualité de la mise en scène. On peut aussi imaginer que le sujet d'un tableau ou d'une photographie soit suffisamment déchirant ou singulier pour désarmer votre capacité à apprécier la technique picturale ou le cadrage. Et, pour revenir au vin, il n'y a pas toujours besoin de convoquer l'ivresse alcoolique pour expliquer une mise entre parenthèses de votre acuité analytique de grand amateur : vous revoyez, après trente ans, un ami perdu de vue, il vous sert une redoutable piquette ; eh bien, ce soir-là, elle est délicieuse parce qu'elle a le goût de vos retrouvailles.

Le lien entre connaissance du vin et expérience de l'ivresse est donc complexe et peut conduire à deux perspectives diamétralement opposées. Suivant la première, l'ivresse est un effet indésirable, dont il faut contenir au maximum les effets afin de ne pas s'écarter de l'objectif principal (comprendre ce qu'on boit). Suivant la seconde, l'ivresse fait partie de l'expérience du vin puisque, d'une part, l'alcool est l'une des propriétés essentielles du vin, et que, d'autre part, ce qu'on éprouve quand on est en situation d'ébriété mérite d'être décrit et étudié par la philosophie du vin.

La première perspective est bien illustrée par le type d'échanges qu'on rencontre entre passionnés de vin : les pages des magazines spécialisés, les guides des meilleures bouteilles, les discussions animées sur les forums (La Passion du vin ou Buveurs d'étiquettes pour citer les plus fréquentés dans l'espace francophone) ne portent quasiment jamais sur l'ivresse. On imagine mal un caviste disant à un client : « Je vous conseille ce châteauneuf, il va vous mettre la tête en vrac très vite grâce à ses 16,5 degrés ; en revanche, évitez ce riesling allemand de la Moselle, on peut en boire une bouteille et rester debout parce qu'il titre moins qu'un cidre brut. » Si les amateurs de vins ont très probablement tous fait l'expérience de nuits agitées et de réveils difficiles, leur connaissance encyclopédique et leur conversation concernent plus volontiers les cépages, les modes de vinification et les appellations d'origine contrôlée qu'une typologie des gueules de bois et des remontées acides. On peut d'ailleurs se demander si certains passionnés ne voient pas dans l'alcool un « dangereux supplément », selon la formule de Rousseau pour décrire la masturbation dans *Les Confessions*, dont ils aimeraient pouvoir se passer, rêvant de vins sans alcool que la désalcoolisation ne dénaturerait pas. Des vins qu'on pourrait boire en très grand nombre, sans devoir les recracher, des jours et des nuits de dégustation sans être soûls ni malades. Ces mêmes passionnés sont souvent aussi des amateurs de thé ou de café, capables d'apprécier les différentes nuances des thés semi-fermentés de Chine et de Taïwan ou de comparer le Kupi Luwak de Sumatra au Jacu Bird du Brésil. Pour eux, ingérer de l'alcool est un effet indésirable de la consommation d'une boisson dont le goût les enthousiasme.

Pourtant, ce même goût dépend, tout comme la texture du vin, de la présence d'alcool dans cette boisson, l'alcool constituant un excellent tremplin pour la diffusion des arômes, ce qui explique par exemple sa présence dans la quasi-totalité des bouteilles de parfum. On pourrait dès lors considérer cette première perspective comme incohérente : on prétend aimer une chose dont on n'aime pas une propriété essentielle. Mais l'argument n'est pas très convaincant pour au moins deux raisons. Tout d'abord, ce n'est pas l'alcool qui est rejeté mais ses *effets* à partir d'une certaine *quantité* : si l'alcool produisait la même légère altération psychique, qu'on boive un demi-verre de muscadet ou un tonneau de madère, l'amateur pourrait profiter de l'onctuosité et de la chaleur apportées par l'alcool dans le vin en ne s'inquiétant pas du nombre de verres qu'il peut boire sans tomber malade ou raide mort. Seconde raison : que la présence d'alcool soit nécessaire à la définition du vin, comme je l'ai dit dans le chapitre deux, ne signifie pas que cette propriété soit le moins du monde *prioritaire* sur les autres. Ce n'est pas un hasard si elle se prête moins au discours et aux échanges autour du vin. Telle production est « trop riche en alcool », l'alcool est « excessivement présent » ou, au contraire, le vin « manque un peu de corps » (mais ce n'est pas toujours à cause de l'alcool, les tanins et l'ampleur de la filtration jouent aussi un rôle). Avec ces quelques assertions, on a fait à peu près le tour de ce qu'on peut dire à propos de l'alcool dans le vin. On évoque aussi parfois la « lourdeur » ou la « richesse alcoolique » de certaines bouteilles.

L'*oubli de l'alcool* chez l'amateur de vin va parfois jusqu'à l'incrimination systématique des sulfites* ajoutés en cas de lendemain vaseux et de mal au crâne persistant. Il suffit pourtant de faire l'expérience d'une soirée « bien remplie » en magnums de vins naturels, garantis sans intrants, pour voir qu'on échappe difficilement à la déshydratation (origine principale des céphalées du lendemain) si on multiplie les bouteilles de vin (et même en les doublant, en parallèle, par des bouteilles d'eau minérale... ce qui limite tout de même les dégâts). Bref : c'est parce que parmi les traits essentiels du vin, il est celui qui se prête le moins à l'analyse, à la décomposition, à la finesse des descriptions, que les grands amateurs sont peu diserts sur le chapitre de l'alcool. On pourra consacrer de longues minutes à parcourir le nuancier des jaunes pour identifier la couleur exacte d'un banyuls blanc de 1998 du domaine Pietri-Géraud, accorder le même temps et la même énergie intellectuelle à inventorier les fruits connus pour affiner le grossier « notes d'agrume » sottement écrit dans le carnet de dégustation (cédrat, mandarine, yuzu, pomelo, kumquat, citron, bergamote, combava, orange, orange amère, main de Bouddha ?). *A contrario*, concernant l'alcool, on pourra simplement trouver un défaut dans sa présence trop affirmée, déséquilibrant l'ensemble le cas échéant, mais jamais on ne notera dans son carnet : « Ne pas en boire plus de deux verres, sinon tu tombes » ou « À réserver aux soirs d'énormes beuveries et aux amis pochtrons ». L'alcool délie souvent les langues mais il ne fait pas beaucoup écrire à son propos les amateurs de vin ; on dit de certains qu'ils ont l'alcool gai ou mauvais, ici l'alcool est plutôt taiseux.

La seconde perspective accorde, en revanche, à l'alcool dans le vin une place centrale grâce aux expériences singulières que l'ivresse favorise. La première expérience qu'on peut tirer de l'ivresse vinique est le sentiment de *libération*, autrement dit une forme de désinhibition que Sénèque résume fort bien dans *Sur la tranquillité de l'âme* (XVII, 8) : « Il faut ménager notre esprit et lui accorder de temps à autre un répit qui fera sur lui l'effet d'un aliment réparateur. Il faut également se promener en pleine campagne, car le ciel libre et le grand air stimulent et avivent l'intelligence ; quelquefois un déplacement, un voyage, un changement d'horizon lui donneront une vigueur nouvelle, ou encore un bon repas avec un peu plus de boisson que de coutume. On peut même pousser à l'occasion jusqu'à l'ivresse, en lui demandant non pas l'abrutissement, mais le calme : car elle dissipe les soucis, modifie totalement l'état de l'âme et guérit la tristesse, comme elle guérit certaines maladies. L'inventeur du vin n'a pas été appelé *Liber* parce qu'il délie la langue, mais bien parce qu'il délivre l'âme des soucis qui l'asservissent, la relève, la tonifie, la dispose à toutes les audaces. » L'ivresse rend l'esprit audacieux : elle permet d'affronter le monde et de rencontrer les autres avec moins d'appréhension. On dit souvent qu'on va boire pour « se donner du courage ». Il peut s'agir du courage des idées (oser défendre un point de vue minoritaire), du courage des sentiments et des désirs (surmonter sa timidité) mais aussi du courage physique comme Platon l'a bien vu au point d'élaborer dans les deux premiers livres des *Lois* une éducation par les banquets pour les citoyens. Le vin doit être consommé en quantité afin d'endurcir et de perfectionner les hommes : ce que j'ose faire et ce que j'apprends à faire sous l'emprise de l'alcool, j'oserai ensuite le faire sans alcool, par habitude acquise, et je le ferai encore mieux, puisque sans vin ma vigilance sera plus grande. L'ivresse permet, pour ainsi dire, d'activer des capacités et des puissances d'agir, de découvrir en soi des options et des talents qu'on ignorait ou qu'on s'interdisait. On amplifie le spectre de ses possibles. Commentant le verset de la Genèse (IX, 21) qui décrit l'ivresse ensommeillée de Noé, premier vigneron de l'histoire, Philon d'Alexandrie va jusqu'à se demander, dans le *De plantatione*, si le sage ne doit pas s'enivrer de temps en temps pour être véritablement sage.

Mais l'ivresse n'est pas seulement libératrice, elle est aussi *créatrice*. Du vin consommé en quantité substantielle est, comme plusieurs autres drogues, susceptible d'ouvrir les « portes de la perception » pour reprendre la célèbre formule de William Blake dans *Le Mariage du Ciel et de l'Enfer* (« Si les portes de la perception étaient nettoyées, chaque chose apparaîtrait à l'homme telle qu'elle est : infinie. Car l'homme s'est refermé sur lui-même jusqu'à considérer toutes choses par les brèches étroites de sa caverne »). L'alcool joue aussi ce rôle d'ouverture créatrice lors de la fête de Pourim, à la date du 14 adar, où il est de tradition pour certains juifs de viser un état d'ébriété tel qu'il ne permette pas de distinguer « maudit soit Haman » du « béni soit Mordékhaï », ce qu'on peut traduire, plus simplement, par une incapacité à distinguer le bien du mal. Pour des êtres religieux et moraux, cela revient à la fois à reconnaître que seul Dieu est véritablement capable d'opérer ce tri, d'une part, mais aussi, d'autre part, à accepter de vivre, le temps de la soûlerie, dans un monde psychique fondamentalement différent de celui qu'on parcourt ordinairement, soucieux d'accomplir le bien et d'éviter de faire le mal. L'ivresse vinique oblige à enfiler des lunettes colorées pour observer le monde, à l'image du vitrier chahuté par Baudelaire dans le poème éponyme : « Comment ? vous n'avez pas de verres de couleur ? des verres roses, rouges, bleus, des vitres magiques, des vitres de paradis ? Impudent que vous êtes ! vous osez vous promener dans des quartiers pauvres, et vous n'avez pas même de vitres qui fassent voir la vie en beau ! » L'ivresse ne sécrète cependant pas toujours une *réalité augmentée*, une « vie en beau » ; il arrive que le vin, quand par exemple il est bu un peu trop souvent, produise moins d'effets et alors, comme le suggère au VIIIe siècle le poète Li Bai, le monde reste semblable à lui-même, verre après verre : « Tirer l'épée pour couper l'eau, davantage elle va couler / Lever le verre, noyer la peine, elle n'en sera que plus forte ! » (dans la traduction de Florence Hu-Sterk pour l'*Anthologie de la poésie chinoise* de la Pléiade ; la traduction de Jacques Pimpaneau chez Picquier mérite elle aussi d'être citée : « Je tire mon épée et coupe l'eau, / mais l'eau coule toujours, / Je lève ma coupe pour dissiper ma tristesse / et ma tristesse est encore plus triste »).

Enfin, l'ivresse peut aussi être une voie vers la *lucidité*, comme l'explique fort bien Clément Rosset dans *Le Réel, traité de l'idiotie*. Rosset affirme que loin de voir double, comme on les représente souvent (ainsi du capitaine Haddock dans *Tintin*), les ivrognes sont les seuls à voir « simple » et ce sont, bien au contraire, les hommes se tenant à distance de l'ivresse qui se condamnent à voir double. Pourquoi ? Parce que l'ivrogne est conduit à ce que Rosset appelle un « contact rugueux » avec le réel, il bute dessus, il trébuche, il fixe longuement les choses, d'un air hébété, hagard, il s'avère incapable du « contact lisse, poli, en miroir » de l'homme sobre, qui multiplie les représentations, les dédoublements, les idées, les symboles, les constructions intellectuelles, autant de mises à distance et de réélaborations du réel qui l'éloignent de celui-ci. On pourrait dire, pour prolonger la forte intuition de Rosset, que l'état d'ébriété oblige à se concentrer sur le monde dans son immédiateté puisque l'altération des facultés psychiques ordinaires produit une mise en sommeil de nos médiations usuelles. L'affaissement de nos outils quotidiens de saisie du réel, à la faveur de l'ivresse, contraint à recentrer notre expérience du monde sur le monde même, comme si, paradoxalement, les paupières alourdies par l'éthylisme, on ouvrait grands les yeux.

Malgré leurs différences, les deux perspectives de philosophie du vin, celle qui écarte l'ivresse comme un effet collatéral globalement indésirable, et celle qui donne à l'ivresse un statut privilégié dans la relation au vin, s'accorderaient probablement sur deux points : il y a une *qualité* de l'ivresse, corrélée à la qualité du vin, et l'ivresse est par ailleurs *quantifiable*, avec des paliers, des degrés, une échelle.

Lier la qualité de l'ivresse à celle du vin ne va pas de soi : on pourrait objecter qu'ingérer de l'alcool est un fait et que les 12 % affichés sur une bouteille de montrachet sont les mêmes 12 % que ceux affichés sur le (pas tant que ça) regretté Postillon ou (pour les plus jeunes) sur le peu recommandable La Payse. C'est une réalité sur le plan de l'analyse chimique et, pour l'alcoolique en situation de manque, l'un pourra valoir l'autre (moins pour son portefeuille). Mais l'analyse chimique indique aussi la présence ou l'absence d'*autres* composants qui sont susceptibles de modifier l'expérience de l'ivresse. S'enivrer en éprouvant la complexité aromatique d'une bouteille, identifier des parfums différents à chaque gorgée, ne pas être agressé par une acidité décapante ou une odeur d'œuf pourri ou de serpillière mal rincée traduit un saut qualitatif dans l'ivresse : on s'alcoolise à chaque lampée supplémentaire de Romanée-Conti, c'est incontestable, mais on ne le ressent pas de la même manière qu'en s'échauffant et s'embrumant l'esprit en laissant vide la bouteille en plastique de Rougefeuille. Comme l'écrit Roger Scruton : « Tout comme le baiser enflammé n'est ni une version pacifique ni une prémonition de la séparation amère à laquelle il conduit finalement, le goût enivrant du vin n'est pas une version fade ou une prémonition de l'ivrognerie. Ils ne font tout simplement pas partie du "même genre de choses", même si l'on découvre au niveau de la théorie scientifique qu'ils partagent le même genre de cause » (*Je bois donc je suis*, chapitre six). Quand on boit un bon vin, le « genre de choses » qu'on est en train de faire s'appelle une expérience esthétique : on déguste, on apprécie, on se remémore d'autres vins bus, on se laisse porter par des associations d'idées et, l'alcool aidant, l'esprit galope un peu, les mots viennent spontanément, on vainc sa timidité et on ose confronter ses impressions de buveur à celles de plus expert que soi. S'enivrer n'est pas l'objectif et, partant, la valeur gustative de ce qui est bu modifie la nature de l'ivresse qu'on éprouve. Quand on boit pour boire ou pour oublier ou pour s'endormir vite et lourdement, on fait « autre chose » et alors, oui, qu'importe le flacon pourvu qu'on ait l'ivresse car, sinon, le flacon importe beaucoup pour déterminer de quelle ivresse on parle et pour qualifier ce qu'on éprouve.

Le caractère quantifiable de l'ivresse présente moins de difficulté car tout le monde en a fait l'expérience, en a été le spectateur ou, au moins, se souvient de l'exposé des « dix stades de l'ivresse » par Benoît Poelvoorde dans l'excellent film *Saint Amour* de Delépine et Kervern. Il y a des *seuils* dans l'enivrement et on passe, parfois, malheureusement, de manière imprévue, des paliers qu'il conviendrait de ne pas franchir. Peu de philosophes ont su, mieux que Guy Debord, décrire la gamme chromatique de l'ivrognerie ; il est vrai qu'il savait de quoi il parlait (« Quoique n'en laissant paraître peut-être, durant les premières décennies, que des signes légers une ou deux fois par semaine, c'est un fait que j'ai été continuellement ivre tout au long de périodes de plusieurs mois ; et encore, le reste du temps avais-je beaucoup bu ») : « J'ai d'abord aimé, comme tout le monde, l'effet de la légère ivresse, puis très bientôt j'ai aimé ce qui est au-delà de la violente ivresse, quand on franchit ce stade : une paix magnifique et terrible, le vrai goût du passage du temps » (*Panégyrique I*, comme l'extrait dans la parenthèse précédente). Quoi de commun, en effet, entre la pratique aberrante du *binge drinking* (skinheads patibulaires éructant quelques « Oi ! » entre deux vomissements et trois mictions sur la voie publique) et le discret rosissement des joues après une troisième flûte de champagne.

Les seuils varient d'un individu à un autre, en fonction de leurs habitudes et de leur corpulence, même si les recommandations sont uniformes en matière de santé publique (pour mémoire, et pour épargner à mon éditeur l'insertion obligatoire de cette mention sous une forme imposée par une administration sourcilleuse, les actuels « repères de consommation d'alcool » sont : « **maximum 10 verres par semaine, maximum 2 verres par jour, des jours dans la semaine sans consommation** ») puisque l'espèce humaine, si elle « tient mieux l'alcool » que la plupart des espèces animales, n'est pas non plus comme le ptilocerque de Low, une musaraigne qui boit toutes les nuits un genre de vin de palme naturel et n'est jamais soûle (non, *Ptilocercus lowii* n'est pas le pseudonyme d'un copain que vous avez cru reconnaître). Les variations individuelles n'interdisent pas de rechercher un seuil optimal, par la mesure fine et expérimentale du point de basculement entre une très légère griserie, susceptible de rendre curieux, inventif, inspiré dans l'appréhension du vin, et le début d'un état d'ébriété, encore léger, qui manifeste un commencement d'anesthésie pour certaines sensations, un relâchement de la vigilance, un moindre contrôle de la rigueur du raisonnement, donc une difficulté à maintenir les capacités d'analyse nécessaires à la bonne intelligence et à la correcte appréciation de ce qui est consommé. Le remarquable film de Thomas Vinterberg, *Drunk*, met ainsi en scène la quête d'un groupe d'amis pour identifier le bon dosage d'alcool quotidien afin de produire la très légère ivresse qui permet de vivre pleinement sa vie. Un des personnages du film, enseignant en psychologie, raconte, en s'appuyant sur les travaux d'un psychiatre norvégien, Finn Skårderud (qui n'a bien sûr jamais expliqué cela !), que cet état optimal se rencontrerait avec 0,5 gramme d'alcool dans le sang, l'être humain étant supposé être né avec un déficit en alcool [*sic*] de, précisément, 0,5 gramme. On s'en doute : les héros peinent à maintenir ce *quantum* et finissent par s'abîmer dans l'éthylisme le plus radical, ivres morts du matin au soir et détruisant leur vie de famille. Leur erreur provient d'une confusion entre quantité quotidienne d'alcool ingérée et ivresse. L'organisme s'habitue s'il reçoit tous les jours un certain volume d'alcool et il est probable qu'il en « réclame » un peu plus chaque jour, pour produire le même état psychique – et c'est alors la spirale de la dépendance alcoolique dans laquelle le buveur s'enfonce. Le seuil souhaitable de l'ivresse est tout autre chose : il suppose d'abord qu'on ne boive pas tous les jours, pour éviter l'accoutumance, il se traduit ensuite par une attention subtile et renouvelée aux signes de l'ébriété qu'on observe en soi et chez les autres, il aboutit enfin à savoir s'arrêter quand le spectre d'un réveil compliqué se profile. Maîtriser une forme d'abandon de soi, en somme, pour en profiter de manière régulière et durable.

On le voit : si la question philosophique de l'ivresse se distingue de celle du vin (ne serait-ce que parce qu'on peut être ivre souvent et ne jamais boire de vin), il est néanmoins souhaitable d'étudier l'ivresse quand on étudie ce que signifie la dégustation du vin. Certes, il existe aujourd'hui des produits désalcoolisés d'une qualité impressionnante et le plaisir du vin va peut-être se reconfigurer avec le temps, reléguant le risque d'ébriété au second plan et, à la manière de ce qu'on observe avec le thé ou les *mocktails*, déboucher sur un hédonisme sans alcool. C'est loin d'être le cas aujourd'hui et apprendre à bien boire signifie aussi apprendre à gérer l'ivresse. Apprendre à bien boire ne veut pas dire boire le plus souvent possible même si l'effet est alors qu'on « tient » mieux l'alcool : l'horizon de ce sinistre entraînement étant l'alcoolisme, maladie dont on ne guérit que difficilement, dans une convalescence et un risque de rechute perpétuels. Sans aller jusqu'à cette extrémité, on connaît tous les dangers de l'ivresse quand elle dépasse un seuil raisonnable : perte de contrôle et de sens du ridicule, dangerosité pour soi et pour les autres, agressivité gratuite, sentiment de toute-puissance, etc. Il ne faut pourtant pas jeter le bébé de l'ivresse avec l'eau de l'ivrognerie. La belle ivresse, celle des bons vins et des quantités maîtrisées, rend les discussions passionnées, libres, joyeuses, elle désencombre des raideurs de l'habitude, des rites sociaux compassés, elle fait de nous des esprits plus volontiers critiques, prompts à la générosité, à l'audace et, pourquoi pas, à la témérité. Si le vin favorise les rencontres entre les êtres, ce n'est pas seulement, et peut-être même pas du tout, pour son goût, son nez, sa complexité, son équilibre en bouche ; non, si le vin est un merveilleux liant social, c'est avant tout parce qu'il nous grise et, ce faisant, nous rend disponibles au dialogue et à l'interaction. Immense est la mélancolie, par contraste, de l'enivrement solitaire au point qu'on peut se demander s'il est pertinent de boire seul. On en parle tout de suite.

Trou normand

Beuverie moscovite

C'était il y a dix ans environ, je donnais des cours, pendant une grosse semaine, au Collège universitaire français de Moscou. Le samedi matin, une de mes étudiantes se propose pour me servir de guide, le lendemain matin, afin de visiter l'une de ces nombreuses églises blanches aux coupoles dorées qui entourent Moscou mais qu'un étranger non russophone peine à rallier avec les transports en commun. Je la remercie vivement mais lui dis que je confirmerai par SMS dans la soirée puisque je sors avec des amis et, si je finis trop tard, je ferai la grasse matinée plutôt que du tourisme. Le soir venu, je retrouve comme convenu mes amis (lui est français et sa femme est russe) qui travaillent à Moscou. Nous assistons à un concert (Renaud Capuçon) et, à la pause, nous buvons une flûte de champagne (du vrai champagne, pas l'étrange boisson au sucre de betterave issue de la grande tradition culinaire soviétique). Guillaume et Olga (ce sont les noms de mes amis) me demandent si je souhaite, avant qu'on aille dîner ensemble, faire un saut rapide, après le concert, à la galerie Tretiakov où est inauguré un « café français » (qui a fermé depuis, je crois) où nous sommes invités pour une soirée privée avec vins et fromages français à volonté. Qui a passé plus de 48 heures de suite à Moscou, en se nourrissant sur place, sait quel enthousiasme peut naître, *a fortiori* après, comme moi, six jours, à l'idée de manger et boire français (ou italien ou libanais ou japonais ou chinois ou coréen mais pas russe). Au milieu du champagne, je reçois le SMS de l'étudiante qui demande confirmation du rendez-vous pour demain matin et j'écris : « Oui, bien sûr, on peut même avancer l'heure, je vous attends devant la grille de l'ambassade à 8 heures. » On écoute ensuite la seconde partie du concert puis on se rend à la galerie Tretiakov. Une grande partie des Français expatriés sont là, d'autres collègues enseignant aussi au CUF, français ou russes. Comme c'est « à volonté », on mange mais surtout on boit (je ne sais plus quoi, du rouge et du blanc très honorables mais pas particulièrement mémorables). Le « saut rapide à la galerie » n'est toujours pas fini à minuit et, à force de boire en continu, on commence à rire pour rien et à avoir des idées stupides (par exemple : un karaoké de chansons de Renaud et de

Joe Dassin avec mon téléphone, bénéficiant du Wi-Fi du musée). Mais l'idée la plus stupide est encore à venir. Je me glisse dans une conversation entre Français et Russes qui se déroule moitié en anglais (que je parle mal mais comprends plutôt bien) moitié en russe (que je ne parle absolument pas mais que je *crois* comprendre quand j'ai 2 grammes d'alcool dans le sang) et j'affirme tranquillement (c'est l'instant « idée stupide indépassable »), quand on me demande si j'apprécie les vodkas que j'ai pu boire depuis mon arrivée : « Oui, c'est pas mal, en particulier la Beluga mais, franchement, ça ne vaut pas la vodka polonaise. » Les Français regardent leurs pieds, les Russes paraissent vouloir me déchiqueter (heureusement, je faisais beaucoup d'aïkido à l'époque donc je n'ai pas trop peur et puis la stupidité enivrée est un tout donc je ne vais pas avoir peur de quatre Russes plus grands que moi). L'un d'entre eux, dont j'avais appris peu de temps auparavant qu'il était très célèbre pour avoir été le plus jeune opposant à Eltsine, à 15 ou 16 ans, me dit alors en anglais : « Pierre-Yves, tu es arrogant comme un Français, je vais te prouver que tu dis des énormes bêtises. » Il va en cuisine et revient avec une vodka visiblement hors de prix (parfaitement délicieuse) et il est évident que je vais devoir, en compagnie de quelques courageux irresponsables, la boire avec lui avec pour seul secours des cornichons malossols dans lesquels je croque, entre deux verres avalés cul sec. Je découvre aussi que, selon les standards de mon nouvel ami russe, il est nécessaire de finir trois ou quatre bouteilles de cette vodka pour, disons, la *comprendre*. Malheureusement pour moi, je suis soûl assez vite mais cela ne se voit que très (trop) tard – ce qui incite les autres à la surenchère puisqu'ils ne voient pas l'intense chaos déjà présent à l'intérieur de mon crâne à ce stade de la soirée. Heureusement, même l'opposant historique finit par fatiguer et il obtient de moi l'aveu (mensonger mais prudent) que, oui, bien sûr, je parlais sans savoir et que si j'avais su qu'il existait d'aussi bonnes vodkas russes, je n'aurais jamais osé dire que la polonaise est supérieure. Il est content – mon estomac, mon foie, mes intestins, mon cerveau, moins. On s'arrête. Olga me dit : « Pierre-Yves, tu bois aussi bien qu'un Russe, je suis impressionnée. » Mon ami Guillaume, probablement piqué au vif (on ne vit pas impunément à Moscou plusieurs années et on y attrape très vite la maladie appelée *virilisme*), insiste pour qu'on aille boire un dernier verre chez eux ; il a de la très bonne tequila, du très bon mescal aussi (je pense à *Au-dessous du volcan* mais pas au point de dire oui à cette proposition indécente). Je refuse. Ils prennent un taxi (ouf !). Je rentre à pied, c'est plus sage, espérant me dégriser un petit peu. Je n'ai jamais eu la curiosité de regarder sur un plan quelle distance sépare *objectivement* la galerie Tretiakov de l'ambassade de France mais *subjectivement*, la marche dans la neige de février m'a semblé très longue. Heureusement, j'ai retrouvé mon chemin sans avoir à solliciter l'étrange faune qui erre à Moscou à 4 heures du matin au cœur de l'hiver ni à devoir consulter (pour une somme dispendieuse, pas de Wi-Fi dans la rue) l'application Plans de mon iPhone. Après cette déambulation incertaine, le planton m'ouvre la porte avec un air rigolard, semblant penser qu'on s'amuse plus à Moscou qu'à la Sorbonne (ce n'est pas faux, du reste). En essayant de marcher droit, je rejoins ma chambre, mon lit et, m'allongeant, j'ai l'impression que mon corps s'enfonce dans une fosse marine de 100 mètres de profondeur tandis que mon crâne s'évade, lui, dans des sommets (fort) brumeux et peuplés d'oiseaux aux cris stridents. Au cœur de ce vertige, je me souviens de mon SMS de 21 heures, confirmant la visite de demain (de tout à l'heure, plutôt) et avançant même le rendez-vous à 8 heures. Je n'ose pas écrire au milieu de la nuit pour annuler. Je règle l'alarme de mon réveil sur 7 h 30 pour avoir le temps de prendre une douche. Je peine à m'endormir puisque je flotte en l'air et nage en même temps. Je me réveille en sursaut après à peine vingt minutes et je vais directement aux toilettes pour vomir (entre autres choses) les comprimés d'ibuprofène sur lesquels je comptais pour ne pas avoir trop mal à la tête pendant la visite des splendeurs orthodoxes en blanc et or. Je me rendors. À 7 h 30, le réveil ne me rend pas capable de faire autre chose que de le décaler à 7 h 55. Je me lève alors en catastrophe et en caleçon, j'enfile un T-shirt, je mets un manteau, mes Timberland noires (non, je ne mets pas de pantalon…) et je sors dans la neige (le planton rerigole, si c'est le même, ce que je suis incapable de dire). L'étudiante est à l'heure, peut-être même en avance, et m'attend devant l'ambassade, sous le soleil qui, reflété par la neige, renforce ma migraine. Je lui dis que je suis terriblement gêné mais j'ai fait la fête trop tard, j'ai trop bu et je suis vraiment incapable de faire cette visite. Je n'ai pas osé la déranger dans la nuit pour annuler (il est vrai que c'est beaucoup plus sympathique de l'avoir laissée prendre un train de banlieue à 7 heures un dimanche matin pour venir au centre de Moscou et repartir dans la foulée, par rapport à une petite sonnerie de SMS à 4 heures du matin, c'est un très bon arbitrage de ma part). Elle me dit que ce n'est pas grave du tout. Mais qu'il faut que je mange quelque chose (l'idée de manger est émétique au dernier degré, à cet instant) et que, de toute façon elle avait prévu un pique-nique et qu'elle me le laisse. Je proteste, je lui dis que ce n'est pas raisonnable, que non seulement je l'ai fait venir pour rien et qu'en plus je lui prends son déjeuner, que c'est inexcusable de ma part. Elle n'en démord pas et repart pour sa banlieue, me laissant dans la neige, en caleçon sous mon manteau, devant un militaire hilare, flanqué (moi, pas le planton) d'un colis de quarante centimètres environ, emballé dans du papier aluminium qu'elle m'a décrit ainsi : « C'est deux pâtés-croûtes mais c'est le même, salé et autre sucré. » J'hésite à le jeter sur le chemin (si je trouve une poubelle assez grande) mais, comme le dit Anémone dans *Le Père Noël est une ordure* quand il s'agit d'affronter les *doubitchous*, « c'est offert de bon cœur ». Le double-pâté-surprise ne rentre pas dans le petit frigo de mon studio, même en le courbant. Je l'installe donc sur la table de travail sise à trois mètres du lit où je me replonge. Il fait trop froid dehors pour laisser les fenêtres ouvertes, et le pâté, malgré son emballage, prend ses aises olfactives. De 8 h 20 (heure approximative de retour dans le lit) à 20 heures, la journée de dimanche s'est passée simplement, en un cycle de brèves boucles innombrables : j'ouvre un œil, je me précipite pour vomir aux toilettes, je me lave les dents pour faire passer le goût, je me recouche, je bois un peu d'eau, je me rendors, j'ouvre un œil, je me précipite pour vomir, etc. À 21 heures, allant un peu mieux, j'ai eu faim. J'ai alors commencé à gravir le long pâté-croûte par la face salée, très supérieure à la partie sucrée (le même appareil à base de viande mais avec du sel en moins et des fruits jaunes indéterminés – pêche au sirop ? – en plus). La longue nuit d'ivresse touchait alors à sa fin, après vingt-quatre heures.

Chapitre cinq

L'expérience sociale du vin
ou
Peut-on boire seul ?

Tu chantais comme chante un enfant
Tu étais gai comme un Italien
Quand il sait qu'il aura de l'amour et
du vin

Nicole Croisille,
« Une femme avec toi »

Oui, bien sûr, on *peut* boire seul. On ne voit pas ce qui pourrait empêcher de le faire, factuellement. Mais est-ce souhaitable ? Dans plusieurs cas : oui ; cela peut même être nécessaire. Parmi ceux qui non seulement peuvent mais, jusqu'à un certain point, *doivent* boire seul, on peut énumérer trois catégories de personnes : les professionnels du monde du vin (vignerons, courtiers, cavistes, œnologues, critiques spécialisés), les alcooliques (pour dissimuler l'étendue des dégâts, par honte ou bien, tout simplement, parce que leur manque est trop fort pour attendre la compagnie) et les routiniers (quand, toute sa vie, on a bu du vin à tous les repas – sauf le petit déjeuner, quoique rien ne soit à exclure –, avaler de l'eau sous prétexte qu'on dîne seul ce jour-là n'a pas grand sens, c'est un coup à mal digérer). Je ne m'appesantis pas sur les deux dernières catégories pour lesquelles la question de la solitude du buveur ne se pose pas vraiment : ils boivent *aussi* avec d'autres personnes et ce qui justifie qu'il leur arrive de boire seul est clair et compréhensible (l'addiction, l'habitude). La première catégorie est plus intéressante pour la philosophie du vin car boire seul engage ici une relation spécifique à la dégustation.

Parmi les professionnels du vin qui dégustent généralement seuls, on peut distinguer les producteurs (vigneron, œnologue), les vendeurs (caviste, courtier, négociant) et les prescripteurs (critique, journaliste). Certaines professions ne rentrent pas bien dans ces trois rubriques (comme les sommeliers, prescripteurs travaillant avec un restaurateur) et les frontières sont poreuses : de nombreux vignerons vendent leur propre vin, certains négociants sont aussi vignerons (leur degré d'intervention dans la production de la bouteille est très variable, de l'achat de raisins à une labellisation de vins déjà embouteillés), les cavistes sont aussi des prescripteurs puisqu'ils donnent des conseils sur les vins qu'ils vendent. Pourquoi ont-ils tous vocation à plutôt boire seuls ?

Pour le vigneron, dans la mesure où son nom sera sur l'étiquette et qu'il engage sa réputation personnelle pour chaque bouteille débouchée, il est nécessaire qu'il se fasse sa propre opinion sur le vin qu'il va produire. Lui seul connaît l'histoire de chaque parcelle, l'âge de chaque pied de vigne, la météo de l'année écoulée depuis la dernière vendange. Lui seul sait comment évoluent ses grenaches de trente ans et ses carignans de dix ans après un mois ou dix-huit de fût. Il doit prendre de très nombreuses décisions qui déterminent le profil gustatif de chacun de ses vins. Va-t-il mélanger plusieurs parcelles ? Plusieurs cépages ? Utiliser des fûts neufs ? Filtrer ? Faire une cuvée spéciale avec les vignes les plus anciennes ? Mais ces 1 000 bouteilles exceptionnelles ne vont-elles pas faire baisser le niveau des 15 000 bouteilles de sa cuvée ordinaire ? S'il ne déguste pas seul, s'il ne prend pas le temps de réfléchir seul, à chacune de ces étapes, ce ne sera pas *son* vin. Notons qu'un propriétaire qui est aussi négociant – une maison de champagne, par exemple – doit se poser les mêmes questions à partir des différents lots à sa disposition : la Grande Cuvée de Krug est ainsi issue de plus de cent vins différents, de provenances et de millésimes distincts, et le rôle du maître de chai est de maintenir le même goût d'une année sur l'autre, en combinant des éléments qui ne sont pas les mêmes d'une année sur l'autre. Comme un puzzle dont les pièces changeraient en permanence et qui devraient néanmoins composer la même image une fois celles-ci assemblées.

L'œnologue intervient lui aussi dans la production du vin et doit, en dialoguant avec le vigneron, prendre des décisions cruciales pour l'avenir du vin en bouteille. Il doit déguster seul pour identifier avec exactitude comment et quand il peut intervenir sur la vinification. À bien des égards, son rôle ressemble à celui d'un médecin. Comme celui-ci, qui vous indique qu'il serait souhaitable de suivre tel traitement mais ne le prend pas à votre place, le vigneron consulte l'œnologue et décide seul ensuite. L'œnologue peut suggérer au vigneron que, s'il n'ajoute pas d'acide citrique ou s'il ne chaptalise pas, le vin sera « mou » ou « fluet » ; que s'il ne soutire pas à tel moment, le risque d'acescence* va augmenter dangereusement ; que, cette année, la clairette est décevante et n'apportera rien au vin blanc qu'il vaudrait mieux laisser, contrairement à d'habitude, en pur rolle ; qu'il est possible de basculer dans une production « naturelle » mais qu'il convient alors d'investir dans tel ou tel équipement pour soutirer autrement, élever en amphores, etc. Pour donner ces conseils *informés*, l'œnologue a besoin d'être seul pour mobiliser ses propres connaissances et, surtout, ne pas intégrer par avance à son analyse du vin en gestation, les goûts et les orientations du vigneron. Pour être utile, il lui faut être distinct. Et le vigneron rend ensuite ses arbitrages, suivant ou non les conseils de l'œnologue (« Tu sais, j'aime bien la clairette, je pense que maintenant elle n'apporte rien mais après dix ans de bouteille, ça changera tout et puis ça m'embête de donner mes vieilles clairettes à la coopé qui va mélanger ça avec le vin du voisin » ou bien « Tu as raison sur le soufre, on peut essayer de s'en passer cette année, c'est risqué mais j'ai envie d'essayer, surtout en macération carbonique et puis toi, tu connais, tu as fait un stage chez Patrick Bouju, non ? »).

Puisque produire un vin c'est le *signer*, il est essentiel d'avoir en tête le très sage proverbe qui veut que les conseilleurs ne soient pas les payeurs. D'où la nécessité de déguster seul pour se faire un avis *avant* d'écouter les autres opinions, plus ou moins instruites, et rien n'est plus désolant que d'entendre un vigneron reconnaître que son œnologue a décidé à sa place puisque c'est lui le spécialiste. On pense alors à ce que disait Pierre Desproges de la coupe de cheveux d'Hervé Bazin : « Son coiffeur trouve ça très joli. » Il y a pis : le vigneron qui produit un vin qui ne lui plaît pas parce qu'il imagine qu'il va plaire au public. Il renonce alors à son propre goût au bénéfice d'un hypothétique goût des autres. Certes, il y a des modes, en vin comme ailleurs, et il est difficile commercialement de blâmer le producteur de Provence qui, peinant à écouler ses bouteilles de rouge, même réussies, même bradées, décide de produire massivement du rosé qui lui coûte moins cher, qu'il vend deux fois plus cher que le rouge et qui ne reste pas en stock d'une année sur l'autre. C'est affaire de bonne gestion de sa trésorerie et il garde le peu de rouge qu'il produit encore pour sa consommation personnelle et pour quelques amateurs plus exigeants. Mais, à part le cas, somme toute assez rare, d'une mode très rentable et dont il faut savoir profiter (même si elle produit parfois des conséquences fâcheuses sur la longue durée, avec une image de marque ternie, comme le beaujolais nouveau dont la mode s'efface doucement, laissant derrière elle une réputation calamiteuse pour tout le vignoble beaujolais), il est toujours plus raisonnable de produire le vin qu'on a envie de boire. C'est un investissement sur la durée : la sincérité permet de s'élever et de faire de meilleurs vins. Et la mode change. Et les amateurs sont à la recherche de vins complexes et francs, résistant à l'air du temps, des vins qui ne ressemblent pas aux autres. On objectera que tout le monde boit désormais au premier rayon de soleil le même Aperol© spritz industriel – en l'appelant « spritz » tout court, hérésie – mais, précisément, personne ou presque ne buvait cela il y a vingt ans et, dans dix ans, quand tout le monde boira, sait-on jamais, des Queen Charlotte, il faudra recommencer à produire du rouge, même en Provence.

Ceux qui font commerce du vin doivent eux aussi pouvoir se faire une opinion personnelle sur les vins qu'ils vont proposer à la vente. Ce n'est pas la même perspective que celle du vigneron puisque le vin est *déjà fait* au moment où il est vendu, mais un vendeur engage aussi sa responsabilité ou plutôt sa réputation quand il choisit un vin. Certes, un caviste peut vendre un vin qu'il n'aime pas même si c'est un peu triste : gagner de l'argent grâce au mauvais goût des autres arrive dans de nombreuses professions (de la décoration à la chirurgie esthétique en passant par l'industrie agroalimentaire de masse), mais la profession de caviste comprend un pourcentage important de passionnés qu'on imagine moins facilement se résigner à un tel cynisme, même lucratif. En revanche, un bon caviste est capable de se mettre à la place de ses clients et de leur proposer le meilleur au regard de leur subjectivité à eux. Il doit faire la part belle au pluralisme : même s'il n'apprécie pas trop la clairette de Die, il aura des clients fidèles et reconnaissants s'il sait trouver une *excellente* clairette de Die (celles de Jean-Claude Raspail ou de Achard-Vincent, par exemple). De la même manière, si un caviste ne boit chez lui que rarement son entrée de gamme et tout aussi rarement des crus valant un quart de ses revenus mensuels, il se doit de référencer des bouteilles à 5 euros qui ne rendent pas malades et des bouteilles à 1 000 euros pour les clients fortunés de passage. Il doit renouveler régulièrement ses fournisseurs, et proposer des vins variés, en prix, en couleur, en provenance, en valorisant les circuits courts : un caviste situé au Puy-en-Velay qui serait pauvre en vins d'Auvergne, en vins d'Ardèche et en crus septentrionaux de la vallée du Rhône ne peut que décevoir, quand bien même il aurait de beaux vins d'Alsace et d'excellents vins catalans. L'équation est complexe, le métier est exigeant, et tout cela suppose de garder la tête froide quand on déguste puisqu'on n'achète pas le vin qu'on va boire mais le vin qu'on va vendre (ce qui n'interdit pas de le boire, aussi, ponctuellement).

Ceux qui, enfin, jouent un rôle de prescripteurs doivent eux aussi déguster seuls. Ils ne produisent pas de vin, ils n'en vendent pas non plus mais, comme les cavistes, leur réputation (et leur succès commercial) repose sur la fiabilité de leurs conseils. Ils peuvent accorder une place plus grande à leur subjectivité puisque les lecteurs savent, comme je l'ai dit au chapitre trois, qu'elle détermine leurs notes et commentaires et que chacun en tient compte au moment de suivre les recommandations proposées. Mais, subjectivité ou objectivité, la dégustation solitaire s'impose ici aussi pour garder son intérêt : si les critiques de vin dégustaient ensemble et échangeaient leurs impressions en temps réel, les comptes rendus de dégustation perdraient une grande part de leur pertinence. Et quand il leur arrive de déguster ensemble, comme lors d'un comité de revue, il est essentiel qu'ils préservent la singularité de leur approche. On ne lit pas seulement *En magnum*, *Le Rouge et le Blanc*, *The Wine Spectator* ou *La Revue du vin de France* pour découvrir de bons vins ou savoir si les valeurs sûres d'un vignoble sont toujours recommandables. On les lit aussi pour telle ou telle plume, dont on apprécie le style, la culture et la proximité avec notre propre goût. Il y a de grandes figures, j'en cite quelques-unes, par ordre alphabétique : Tim Atkin, Michel Bettane, Patricia Briel, Thierry Desseauve, Michel Dovaz, Jacques Dupont, Gerhard Eichelmann, Laura Gasparotto, James Halliday, Jean-Paul Kauffman, Jean-Claude Le Brun, Chantal Lecouty, Luca Maroni, Neal Martin, Allen Meadows, François Morel, Vincent Noce, Robert Parker, Lisa Perrotti-Brown, Jacques Puisais, Jean-Marc Quarin, Jancis Robinson, James Suckling. On peut aussi mentionner des blogs de très grande qualité comme Le Blog d'Olif d'Olivier Grosjean ou La Pipette aux quatre vins de Philippe Rapiteau. On retient ces noms, on prend plaisir à les lire, on cherche ce qu'ils écrivent et on achète ensuite ce qu'ils recommandent parce qu'ils ont pris le temps de développer leur propre personnalité de dégustateur professionnel, en analysant chaque vin, en détail, seul, sans influence. C'est le prix de leur originalité et de leur indépendance – et c'est pourquoi il est passionnant de les lire, eux, plutôt que de se contenter d'une moyenne, agrégation de trente évaluations anonymes, qui ne permet pas de départager sérieusement un vin qui obtient 90/100 d'un vin qui obtient 91/100. On en apprend plus sur le vin en parcourant des livres personnels, polémiques, bourrés de partis pris et de subjectivité qu'en se fiant à d'improbables « panels représentatifs de consommateurs » : on lira ainsi avec un grand profit les *Notes on a Cellar-Book* de George Saintsbury, le *Guide du vin* de Raymond Dumay et *Le Monde du vin : art ou bluff ?* de Guy Renvoisé.

Il y a donc des buveurs solitaires pour motif professionnel ; il y en a aussi de routiniers et de pathologiques. Mais l'expérience majoritaire est collective : on boit à deux, à quatre, à dix, à trente voire plus (banquets, pots de thèse, vernissages). En quoi cette expérience se distingue-t-elle de la dégustation solitaire ? Remarquons que toute dégustation demeure malgré tout individuelle : personne ne peut sentir un bouquet ou avaler des centilitres *pour moi* – on peut dire cela de toute expérience sensorielle, du reste, et intimer à quelqu'un de « se mettre à sa place » est une exigence absurde, au moins littéralement. Boire à plusieurs, c'est boire en compagnie d'autres personnes qui boivent – quelle que soit la communion psychologique provoquée par cette expérience à plusieurs, elle demeure une simple juxtaposition d'expériences strictement personnelles. Il n'en demeure pas moins qu'il se passe autre chose et que le *contexte* social de la dégustation la modifie (même si on est condamné à ne boire que dans son propre gosier).

On peut se demander si la *véritable* expérience du vin n'est pas collective plutôt qu'individuelle, la dégustation en solitaire pouvant être comparée à la dégustation qui ne s'accompagne pas d'un repas : utile à la connaissance mais déconnectée de la véritable destination de la bouteille. On étudie un vin en le buvant seul et pour lui-même mais, ensuite, il sera bu à table et avec des convives, d'où le caractère parfois biaisé et trompeur de ces premiers travaux d'approche. Quelle est alors la spécificité du boire *ensemble* ? Que se passe-t-il de plus dans mon expérience du vin quand je suis en tête à tête avec la personne que j'aime ou en compagnie d'une bande de vieux copains, quand j'ouvre une belle bouteille pour fêter l'anniversaire d'un proche, entouré de toute sa famille ou quand, à l'occasion d'un événement festif, on débouche plusieurs jéroboams de champagne ? Lorsque, à la fin du film *Sideways*, le héros joué par Paul Giamatti débouche, seul, dans un fast-food, la bouteille phare de sa cave – un Château-Cheval-Blanc 1961, très grand cru de saint-émilion dans un magnifique millésime – et la sert dans un gobelet en carton habituellement destiné aux sodas, le spectateur amateur de vin éprouve (outre un effroi de l'ordre de celui des spectateurs de *L'Exorciste* ou de *Martyrs*) une profonde compassion pour le héros, car il n'imagine pas se retrouver à son tour dans une situation aussi empreinte de mélancolie et de fatalisme. Toutes choses égales par ailleurs, il y a quelque chose de l'ordre de l'onanisme dans le fait de boire seul ; on boit seul par défaut ou faute de mieux, même si, comme le dit Woody Allen dans *Annie Hall*, il convient de ne pas se moquer de la masturbation puisqu'elle revient à « faire l'amour avec quelqu'un qu'on aime ». L'expérience collective du vin (qui commence à deux, nul besoin d'être trois cents entonnant un ban bourguignon) permet la confrontation des impressions, l'échange de souvenirs, de connaissances et met en lumière la dimension non seulement sociale et culturelle du vin mais aussi sa dimension *linguistique*, le vin étant aussi un fait de langage : parler du vin, c'est encore boire, et peut-être que boire un bon vin c'est en parler beaucoup. C'est parfois se taire, aussi, parce qu'une émotion vive étreint les compagnons de boisson, le vin ayant quelque chose à raconter que les mots peinent à retranscrire. Deux amoureux se sont rencontrés en 2014 et ils ouvrent ensemble, depuis, chaque année, un grand vin de ce millésime, et en cette fin d'hiver 2044, l'arbois jaune W de Bénédicte et Stéphane Tissot est somptueux de ces deux fois trente ans (ceux du couple et ceux du clavelin) – « c'est beau la longue vie », comme il est dit dans *Amour* de Michael Haneke. Ou bien : quelques amis, plus connaisseurs que fortunés, ont ensemble cassé leur tirelire pour boire enfin une très belle bouteille au-dessus de leurs moyens ; le chablis grand cru Les Clos de Vincent Dauvissat ne les déçoit pas, il a atteint son apogée après quinze ans passés dans une cave fraîche, ils vont en parler des heures et le lendemain encore et plusieurs semaines après mais, à l'instant où ils plongent chacun des cinq le nez dans leur verre, ils n'ont pas besoin de se parler, ils se regardent, ils sourient, ils *goûtent* et *dégustent* le moment. Ou encore : une viticultrice a transmis à sa fille qui l'a ensuite transmise à sa petite-fille une petite propriété dans une appellation négligée des buveurs d'étiquette et des snobs, disons montravel ou coteaux-d'ancenis ; la grand-mère goûte le premier millésime produit par sa petite-fille – son sourire la rassure, le travail est bien fait, les habitués viendront encore à la belle saison remplir leur coffre pour quelques billets, la roue tourne joliment.

Des émotions qui s'épanouissent dans le silence, il faut distinguer l'expérience collective du vin qui « fait parler » : pas seulement du fait de la légère ivresse qui désinhibe (voir le chapitre précédent) mais aussi parce que ouvrir à plusieurs une bouteille et la boire avec une certaine attention signifie créer les conditions d'une *rencontre* entre les personnes en présence. Et cette rencontre est verbalisée puisque les êtres humains sont des êtres de langage, les mots permettant de transmettre des sensations, de confronter une idée encore inchoative au jugement des autres. On a vu au premier chapitre comment la dégustation à l'aveugle favorisait ce type d'échanges, les hypothèses, parfois burlesques, fusant afin d'identifier ce qui est servi (« Et si c'était un merlot roumain vinifié en blanc élevé deux ans dans une barrique en châtaignier ? »). C'est un jeu où on gagne rarement mais où on ne perd jamais puisqu'on apprend et qu'on s'amuse des suppositions des uns et des autres, du caractère parfois alambiqué de leurs raisonnements, des stratagèmes grossiers des mauvais joueurs (faire un détour discret par la cuisine sur le chemin des toilettes pour repérer la forme des bouteilles vides) et de la ruse des organisateurs, du type « on n'apprend pas à un vieux singe à faire la grimace » (transvaser le bourgogne dans une bouteille bordelaise avant de servir à l'aveugle). Et, une fois la bouteille découverte, les moins savants s'instruisent des discussions vives, techniques, parfois étourdissantes entre les plus experts : on mémorise, séance après séance, les appellations, les crus, les climats, la qualité des millésimes, les cépages, tous ces noms infusent et percolent dans les esprits. Après quelques mois puis quelques années, on reconnaît le style de certains producteurs, on cerne les goûts de ses amis, on est moins perdu face à un vin atypique, on mesure l'influence du sol et de l'élevage sur le profil de chaque bouteille. Loin d'être des bavardages oiseux (quoique cela arrive aussi), ces longues conversations autour de verres remplis au tiers (le bon étiage) manifestent une sociabilité joyeuse qui, quoique rigoureuse dans l'établissement des connaissances, ne se prend pas trop au sérieux, comme chaque fois qu'on « joue sérieusement », *serio ludere*.

Que l'expérience collective soit ou non la véritable expérience du vin, problème qui relève de la phénoménologie*, une autre question reste pendante qu'on peut rattacher, elle, à l'épistémologie* : notre connaissance du vin est-elle *modifiée* par le caractère collectif de sa consommation ? À la lumière de la pratique des professionnels du vin, décrite au début de ce chapitre, la réponse semble évidemment positive. Le risque de modification voire d'altération de la connaissance justifie qu'on déguste seul dans les cas évoqués plus haut (production, vente, conseil). Mais ce constat, pour être vrai, n'en demeure pas moins trop vague et il convient d'étudier différents éléments de contexte et comment ils structurent notre compréhension du vin.

Un premier facteur est inséparable des phénomènes déjà décrits de fusion affective et de discussions éclairées autour d'une bouteille. Il est patent que les échanges d'information jouent un rôle dans la connaissance du vin puisque c'est souvent à la faveur de ces échanges qu'on éduque son palais et qu'on se construit une culture du bon vin qui en améliore la compréhension. Mais il ne faut pas passer sous silence un aspect plus déplaisant de ces « jeux de société » autour des belles bouteilles : ils peuvent aussi être prétexte à une certaine violence symbolique, pour reprendre le vocabulaire de Pierre Bourdieu, où les dominants, sur le plan financier, social ou intellectuel, valorisent et exposent leur capital économique ou culturel. Il faut avoir de grands moyens pour boire et offrir à ses convives des vins rares et chers et on n'échappe pas toujours, consciemment ou non, à une forme d'évergétisme*, comme celui décrit par Paul Veyne dans *Le Pain et le Cirque*. En prodiguant sans compter des biens dispendieux, on se constitue une clientèle d'obligés. La richesse affichée n'est, du reste, pas nécessairement financière : le grand amateur qui sait surprendre ses invités avec des vins dont ils ignoraient jusqu'ici l'existence et qui les charme par son érudition œnophilique* cultive ainsi son image royale et affirme habilement (et souvent involontairement) sa supériorité sur la classe des simples buveurs de bouteilles classiques à la réputation bien installée. Dans le même ordre d'idées, quand un ami vous fait découvrir une propriété remarquable en vous accompagnant au caveau, son statut de vieux client, que le vigneron tutoie et pour lequel il ouvre des bouteilles anciennes qui ne sont plus à la vente, décuple à vos yeux la valeur de ses jugements sur les vins de ce propriétaire. Vous aurez du mal à apprécier objectivement les échantillons qu'on vous propose, conscient de l'accès privilégié que votre ami vous permet d'avoir à ces bouteilles. Les prix proprement délirants atteints par certains vins induisent aussi des biais sociaux de ce type. Un vin que seuls des multimillionnaires peuvent se payer ne peut pas être mauvais. C'est d'ailleurs vrai mais pas pour la raison qu'on pourrait imaginer (un improbable « bon goût » des gens très riches) : pour qu'un vin accède au seuil de notoriété qui entraîne ensuite une folie spéculative, il lui faut être d'abord bu et apprécié par des critiques fiables et nombreux. Cela ne signifie absolument pas qu'il y ait une corrélation élémentaire entre le prix et la qualité intrinsèque du produit : un vin peut être beaucoup plus cher qu'un autre uniquement parce qu'il est plus rare (ainsi de Petrus par rapport à Haut-Brion ou du Haut-Brion blanc par rapport au rouge) ou bien parce que son contenant est lui-même coûteux (ainsi de la cuvée Rare Le Secret Haute Joaillerie du champagne Piper-Heidsieck – environ 130 000 euros). S'il y a, dans les vins très chers, de très mauvais rapports qualité/prix comme de plus acceptables, il est en revanche improbable qu'un vin médiocre devienne hautement spéculatif. Aucun investisseur ne s'y intéressera s'il n'a pas déjà été « validé », pour ainsi dire, par des spécialistes. Ce qu'il ne faut jamais oublier, *a contrario*, quand on achète très cher un vin pour de mauvaises raisons (on n'a pas les moyens de l'acheter et on l'achète quand même par une forme de pression sociale plus ou moins intériorisée), c'est que, s'il n'y a pas de mauvais vins très chers, on rencontre ponctuellement des bouteilles ratées, mal conservées et/ou bouchonnées : il faut alors avoir les moyens d'en acheter une seconde pour limiter le traumatisme.

Le deuxième élément de contexte susceptible de modifier notre connaissance du vin est, lui, moins lié aux déterminations sociales qui innervent nos pratiques. Il s'agit de ce qui entoure immédiatement le vin quand il est servi à table. Laissons de côté tout ce qui a déjà été décrit : la proximité avec les convives (boire en famille ou invité pour la première fois par sa belle-famille, boire entre amis, boire avec des collègues de travail, boire avec une rencontre d'un soir, tout cela est très différent et modifie notre perception du vin puisque la concentration n'est pas la même), l'ambiance générale (est-ce le « bon moment », le « bon *timing* » pour ouvrir cette grande bouteille ? Ne valait-il pas mieux sortir un « petit vin de derrière les fagots » ?) ou encore la mise en scène de la soirée par un hôte qui veut en mettre plein la vue avec des bouteilles rarissimes ou hors de prix. Il reste de très nombreux facteurs à prendre en considération et qui sont de nature à bouleverser la connaissance du vin qu'on déguste. Tout d'abord, le cadre dans lequel on prend place : un appartement décoré de manière inventive, des meubles au design audacieux, une table joliment dressée avec de la belle vaisselle, un éclairage ni agressif ni exagérément tamisé (« c'est du rouge ou du blanc ? Je ne vois rien ! »), voilà qui dispose à une dégustation sereine (sinon la concentration faiblit et on se demande pourquoi notre hôte a choisi une table bancale, un papier peint rose sale et des couverts dépareillés, en bataillant pour que notre esprit revienne au vin et ne vagabonde pas dans la mauvaise humeur). Ensuite, la sollicitation des autres sens doit être contenue : drame, entre les assiettes, des bougies parfumées dégagent des recréations artificielles de basilic, de menthe, de feuille de cassis voire de santal ou de cheminée, grâce au talent de l'industrie pétrochimique. Un malheur n'arrivant jamais seul, un convive s'est aspergé de vétiver bas de gamme et un autre a voulu complaire à son conjoint en portant le parfum offert à Noël (« ma grand-mère portait *Calèche*, je me suis dit que ça te plairait même si c'est plutôt un parfum pour femme »). La musique diffusée peut aussi jouer un rôle : on ne déguste pas la même chose avec, au loin, le jeune Emil Gilels jouant *Le Rappel des oiseaux* sur une chaîne haute-fidélité et, très près, de mauvaises mini-enceintes crachotant *Filosofem* de Burzum à partir d'un smartphone. Enfin, ce qui est servi à table va, évidemment, déterminer ce qu'on pourra penser du vin. J'ai déjà évoqué les difficultés qu'il y avait à évaluer un vin en dégustation pure alors même que les vins sont, sauf exception, destinés à être bus à table. On voit ici l'importance de cet élément de contexte qui est l'accord ou le désaccord entre vins et mets – les restaurants gastronomiques emploient le terme anglais de *pairing* pour décrire une association subtilement pensée entre chaque plat et chaque boisson. Un accord parfait magnifie les deux produits : un gâteau au chocolat noir et un porto colheita, un fromage de chèvre et un sancerre blanc, des asperges et un muscat sec, un vieux comté, quelques noix et un château-chalon. Une absence d'accord voire une stridence majeure produit une catastrophe : un saint-émilion prend des notes de métal au contact d'un camembert, les huîtres transforment en soupe de chêne un bâtard-montrachet sans parler des hectolitres de très bons champagnes bruts euthanasiés dans le monde à chaque seconde pour maintenir la tradition du dessert « festif ».

Enfin, un troisième et dernier élément de contexte est susceptible de bouleverser la connaissance du vin : son service, dont on ne saurait sous-estimer l'importance. Le vin vit dans une bouteille fermée et, avant de rejoindre notre bouche, il lui faut traverser toute une série d'étapes qui sont autant d'embûches. S'il a été mal conservé, il est probable qu'il soit déjà abîmé avant que le bouchon soit extrait – mais laissons cela de côté car ce n'est pas un élément de contexte de la dégustation proprement dite. La première décision à prendre concerne la température de service : de nombreuses bouteilles sont maltraitées pour avoir été « chambrées ». Cette habitude était bonne quand les caves naturelles étaient à 8 degrés et l'intérieur des domiciles à 15 ou 16 degrés : on conduisait ainsi lentement les vins rouges à la température de service idéale. Aujourd'hui, les intérieurs chauffés conduisent les vins à être servis à 20 ou 22 degrés, ce qui est bien trop chaud. Pour les vins blancs, le problème est inverse : le développement des réfrigérateurs et des congélateurs aboutit à servir les blancs à 4 degrés, ce qui anesthésie l'essentiel de leurs arômes. Autant boire de la Châteldon, de la Saint-Géron ou de l'Orezza. La deuxième décision à prendre concerne l'heure d'ouverture et la décantation : certains vins ne sont à leur optimum qu'à la condition d'avoir été ouverts la veille, d'autres ont besoin d'être carafés énergiquement, d'autres, en revanche, doivent être versés très délicatement dans le verre depuis la bouteille juste ouverte. Il est intelligent de se renseigner auprès du producteur ou du caviste pour connaître le *modus operandi*. *Last but not least*, connaître le vin suppose de prendre au sérieux la question des verres dans lesquels il est servi. On ne peut pas (si, malheureusement, on peut et on le voit souvent...) servir le vin dans un verre coloré, dans un verre au buvant trop épais, dans un verre trop petit (songeons à la ridicule et radine habitude de servir le vin dans le plus petit verre comme si c'était l'eau, et non le vin, qui avait besoin d'espace pour être tournée, oxygénée et embaumer), dans un verre orné de motifs. Un verre à vin doit être grand, transparent, resserré vers le haut pour emprisonner les arômes et posséder le buvant le plus fin possible (ce qui complique le lavage et le séchage, et produit beaucoup de casse, il faut bien le dire, mais, comme l'écrit Platon en conclusion de l'*Hippias majeur*, « *khalepa ta kala* », « les choses belles sont difficiles »).

Hors quelques cas justifiés d'évaluation solitaire,

l'expérience du vin est plutôt collective. Cela implique que la philosophie du vin accorde une grande attention à la *contextualisation* sociale de la dégustation. Il est impossible d'isoler l'appréhension du vin de tout un ensemble de conditions, contrairement à la peinture ou au cinéma. Un tableau, certes, peut bénéficier ou souffrir de son accrochage ; un film être beaucoup plus apprécié sur grand écran. Mais tableaux comme films supportent de mauvaises conditions d'exposition ou de projection. Les grandes œuvres picturales ou cinématographiques permettent qu'on passe outre : on sera bouleversé par le *Gilles* de Watteau même sur une carte postale aux couleurs passées, on admirera *La Montagne sacrée* d'Alejandro Jodorowsky même sur une petite télé en noir et blanc ou sur un écran de smartphone. Cela ne veut pas dire qu'on ne sera pas encore plus touché par une visite au Louvre (et le vrai rose des lacets de Pierrot) ou par une copie restaurée 4K sur un très grand écran (et les blancs, noirs, rouges, bleus, jaunes primaires et hypnotiques de *La montaña sagrada*). Un bon vin, lui, ne résiste pas à de mauvaises conditions de dégustation ni à un contexte déplorable. Des chefs-d'œuvre, comme un Climens 1983, un chambertin de Trapet de 1976 ou un rivesaltes 1950 de Jean-Hubert Verdaguer, seront gravement sous-estimés s'ils sont servis trop chauds pour les blancs, glacés pour le rouge, dans des verres translucides et épais, à un amateur entouré de dix personnes bruyantes, exagérément parfumées (d'un parfum sublime mais qui ne laisse aromatiquement rien de vivant sur son passage, comme *Shalimar* de Guerlain ou le *Datura Noir* de Serge Lutens, véritables Attila des plaisirs bacchiques) et plongées collectivement dans une musique d'ambiance médiocre, agressive et entêtante. Si par ailleurs la sottise des hôtes va aussi jusqu'à proposer une nourriture très vinaigrée, très grasse et trop salée, il n'y aura vraiment plus rien à tirer de ces trois merveilleuses bouteilles (*Requiescant in pace !*). Il faut alors prier pour que jamais n'arrive un tel malheur à un amateur qui, à défaut d'avoir bien choisi ses amis, aura peut-être mieux choisi le dieu vers lequel se tourner et échapper ainsi à cet enfer vinique.

Chapitre six

Boire et croire
ou
Pourquoi le vin
est-il aussi une question religieuse ?

Quel temps fait-il chez les gentils de l'au-delà ?
Les musiciens ont-ils enfin trouvé le la ?
Et le petit bleu, est-ce que ça ne le rend pas meilleur
D'être servi au sein des vignes du Seigneur ?

Georges Brassens,
« Le Vieux Léon »

Nul besoin d'être amateur de grandes bouteilles pour constater l'intrication profonde entre vin et religion. On l'observe dans des noms de crus ou de marques : Clos-Saint-Joseph (seul côtes-de-provence des Alpes-Maritimes), beaune-grèves premier cru Vigne de l'enfant Jésus, châteauneuf-du-pape (ou, moins enthousiasmant, la marque Vieux Papes), Clos-Sainte-Hune, *vin santo* toscan, saint-romain, saint-émilion, champagne Dom Pérignon, cuvées Clos du Temple (Gérard Bertrand) et La Tentation du Pasteur (mas du Ministre) en Languedoc, caveau Bacchus de Lucien Aviet à Arbois, domaine de Dionysos à Uchaux dans le Vaucluse, cuvées *Athena Rock It* et *Dionysos is on fire* du domaine des Marnes-Blanches à Sainte-Agnès dans le Jura, Cellier des Templiers à Banyuls, savennières-roche-aux-moines en Anjou, domaine La Croix-Montjoie vers Vézelay, The Huguenot en Afrique du Sud, coteau de La Madone à Fleurie en Beaujolais, prieuré Saint-Jean-de-Bébian en coteaux-du-languedoc, *Dionysos Wines* (caviste à Monaco), château Le Bon Pasteur en pomerol, domaine de la Bénisson-Dieu en côte-roannaise, la magnifique parcelle Les Monts damnés à Chavignol en sancerre, château Le Sanctuaire en castillon-côtes-de-bordeaux ou encore domaine de l'Écu (muscadet) aux étiquettes reproduisant des vitraux et aux noms explicites : L'ange, Méphisto, Janus, Domini, Invictus, Lux.

On constate aussi l'entrelacement de la religion et du vin dans l'histoire. L'Égypte antique était principalement productrice et buveuse de bière, mais elle consommait aussi du vin, d'abord issu de Palestine et de Syrie puis produit sur place. Le vin était destiné à l'élite et accompagnait le voyage des morts vers l'au-delà, comme en attestent les amphores entourant les tombes ainsi que les illustrations funéraires conservées. En Grèce, Dionysos était un dieu de grande importance, figure de l'altérité, de la folie, de l'imprévisibilité, tout comme son homologue Bacchus dans la religion romaine. Ni l'un ni l'autre ne se résument aux vendanges, au vin, à l'ivresse et les Dionysies étaient des fêtes structurantes, en particulier les Anthesthéries (ou « fêtes des fleurs ») en trois journées fin février : *Pithoigia*, l'ouverture des jarres contenant le vin nouveau, *Khoes*, la fête des pichets qui voit des concours de boisson et *Khutroi*, la fête des marmites, à l'intention des morts. À Rome, les bacchanales, organisées par des prêtresses appelées bacchantes, n'ont plus de lien avec le vin même si, marquées par l'excès et la débauche, elles étaient aussi prétexte à une consommation abondante d'alcool. L'importance du vin dans l'histoire religieuse et la centralité de la religion dans l'histoire des peuples et des États ont façonné durablement les paysages : des sites escarpés couverts de vignes et surmontés d'une chapelle, en Allemagne, en Italie, en Bourgogne témoignent aujourd'hui de choix culturaux opérés par des congrégations monastiques puissantes (bénédictins, cisterciens, chartreux). Le vignoble de la Napa Valley, en Californie, a pour origine les missions des jésuites et des franciscains au XIXe siècle. Dans plusieurs pays, à la faveur de la décolonisation, des vignobles étendus ont disparus à mesure que l'islam rejouait un rôle central dans ces territoires.

Les rites et les textes religieux mobilisent eux aussi le vin sauf dans le cas où les religions concernées se sont développées dans un contexte culturel où le vin est marginal (au bénéfice du thé et des boissons fermentées ou distillées issues de riz ou de céréales) comme l'hindouisme et le bouddhisme. Les Égyptiens accordaient une place de choix au vin dans leurs rituels, puisqu'ils voyaient dans sa consommation une voie d'accès à l'au-delà, l'ivresse permettant de circuler entre le monde des morts et celui des vivants. Dans le judaïsme, le vin est présent dans un grand nombre de cérémonies et de fêtes : Pâque, Pourim, à chaque shabbat, lors des mariages, des circoncisions. Les références au vin sont multiples dans l'Ancien Testament et le Talmud, et le vin va jusqu'à symboliser l'approche kabbalistique de la Torah, cette dernière étant comparée à quatre boissons : l'eau, parce qu'elle est simple et claire, le lait, parce qu'il nourrit, le miel, qui est sucré et renvoie aux délices de l'interprétation infinie et, enfin, le vin, signe du secret, de ce qui est caché et qui ne se donne pas immédiatement. Le Nouveau Testament multiplie lui aussi les références au vin, du miracle inaugural des Noces de Cana, qui voit Jésus transformer l'eau en vin, à son dernier repas, la Cène, où naît un rite au cœur du christianisme, l'eucharistie, le pain et le vin figurant le corps du Christ, sa chair et son sang. L'islam accorde, on le sait, moins d'importance au vin même s'il convient de préciser deux choses. Premièrement, l'existence, en particulier dans le soufisme, d'une « ivresse mystique » (*khamriyya*, *khamr* signifiant « vin » et plus généralement toute boisson qui provoque l'ivresse) évoquée dans plusieurs poèmes religieux et dont il semble qu'elle ne soit pas uniquement métaphorique. Deuxièmement, le texte coranique étant assez sibyllin sur la question de l'alcool (six occurrences dans six sourates, trois laudatives et trois péjoratives, dont deux interdisant très explicitement sa consommation), les théologiens et juristes musulmans ont beaucoup écrit sur le vin. Ils ont, par exemple, précisé cet interdit en montrant son caractère relatif (si le vin constitue un remède, ce qu'on a longtemps pensé, il faut le consommer plutôt que de mettre sa vie en danger) ou, encore, pour essayer de déterminer quelles boissons méritent véritablement le nom de *khamr*. Une difficulté spécifique concerne le *nabidh*, vin de dattes traditionnel dans la péninsule Arabique, qui était probablement consommé par le Prophète lui-même (suivant deux hadiths) et dont la fermentation doit être soigneusement maîtrisée pour que son degré d'alcool ne le transforme pas en un produit *haram* (interdit).

L'intrication du vin et de la religion s'observe aussi dans les représentations ordinaires qu'on se fait des croyances religieuses. L'islam que je viens d'évoquer est volontiers résumé à ses seuls interdits alimentaires (dont beaucoup de gens ignorent qu'ils ont de nombreux points communs avec ceux du judaïsme) et à sa prohibition de l'alcool. Peu de gens sont capables de décrire le contenu théologique de la foi musulmane mais personne n'ignore qu'on ne sert pas de vin à un ami musulman. Une vision courante de ce qui, au sein du christianisme, oppose catholiques et protestants, accorde elle aussi une grande place au vin. On pense en effet à la question de l'eucharistie, sous l'angle de la présence réelle du Christ lors de la cérémonie, d'une part, et sous l'angle de la communion sous les deux espèces (le pain et le vin), d'autre part. Sur le premier point, les choses sont théologiquement plus complexes que dans la représentation ordinaire puisque les protestants ne contestent pas la présence *réelle* du Christ mais (pour certains) sa présence *matérielle*. Et, degré de complexité supplémentaire, les protestants ne sont pas d'accord entre eux sur cette question. Les luthériens considèrent qu'il y a *consubstantiation* et non *transsubstantiation*, autrement dit que le pain reste du pain et le vin reste du vin (en quoi ils diffèrent des catholiques pour lesquels la chair et le sang du Christ se substituent au pain et au vin) mais que la substance du Christ se manifeste *aussi* matériellement, le vin étant *en même temps* vin et sang, le pain chair et pain. Les calvinistes considèrent pour leur part que si le Christ se manifeste bien réellement dans l'eucharistie, c'est par une réalité *spirituelle* et nullement matérielle. Les évangéliques, enfin, s'accordent plutôt sur l'idée d'une présence purement *symbolique* du Christ lors de la communion. Le second point est plus simple et la représentation ordinaire y est moins fautive : les protestants, contrairement aux catholiques, communient sous les deux espèces. Autrement dit : chez les catholiques, seul le prêtre consomme le vin, les personnes qui assistent à la messe devant se contenter d'une hostie. Les protestants (et les catholiques orientaux) partagent eux le vin comme le pain lors du culte. Cette différence peut s'expliquer théologiquement par la notion de sacerdoce universel : le pasteur n'est pas un prêtre, il est *officiant* mais il n'a pas été *ordonné*, chaque membre de l'Église a donc le même accès aux deux espèces du corps du Christ. Cette explication trouve néanmoins sa limite dans le caractère extrêmement tardif de l'interdiction de la communion sous les deux espèces (au concile de Constance, en 1415, les disciples de Jean Hus communiant systématiquement ainsi), interdiction du reste définitivement levée par le concile Vatican II (1962-1965), comme le rappelle le texte *Redemptionis Sacramentum* (2004) de la Congrégation pour le culte divin et la discipline des sacrements. Bref : il semble que ce soient essentiellement des questions conjoncturelles (ne pas faire comme les protestants) et pratiques (c'est un petit peu plus compliqué à organiser), qui expliquent la persistance de cette différence entre protestants et catholiques.

Enfin, on peut mentionner une dernière intrication, encore plus intime, entre vin et religion : certaines cuvées sont produites par des religieux eux-mêmes. J'ai déjà évoqué le rôle de certains ordres monastiques dans le façonnage du paysage au Moyen Âge, on sait aussi que de nombreuses parcelles ont été identifiées, nommées et délimitées par des moines parce qu'ils les cultivaient et avaient remarqué de grandes différences qualitatives. L'exemple le plus connu est celui de la Bourgogne avec, entre autres, le clos de Vougeot et les moines de l'abbaye de Cîteaux. Portant une moindre ambition qualitative, d'autres cisterciens ont vinifié, jusqu'à ces dernières années, en Ardèche, à l'abbaye de Notre-Dame-des-Neiges. Encore aujourd'hui, des moines produisent du vin dont certains de très grande qualité comme ceux de l'abbaye de Lérins sur l'île Saint-Honorat, au large de Cannes. À Tavel, au château de Manissy, jusqu'en 2003, les frères missionnaires de la Sainte-Famille produisaient un rosé dont ils ont, l'âge venant, confié la production à Florian André, qui maintient une tradition d'excellence (ce qu'on ne saurait dire de tous les vins de Tavel). À l'abbaye de Jouques, près d'Aix-en-Provence, ce sont des sœurs bénédictines qui produisent du raisin vinifié avec l'aide de la coopérative : on peut déguster le Fidelis, la cuvée Louange ou encore le rosé Exsulta. Aucune de ces productions n'a néanmoins la notoriété (et probablement la qualité... mais il est difficile de comparer des produits aussi différents) des liqueurs (Chartreuse, Bénédictine, *Tintura Imperiale* de l'Abbazia di Casamari) et des bières (Orval, Westmalle, Rochefort, Westvleteren...) issues d'activités monastiques... Autre exemple de production par des personnes engagées religieusement, le vin casher. Pour être qualifié ainsi, un vin ne doit contenir aucun adjuvant relevant d'un interdit alimentaire (gélatine de porc, caséine) mais, surtout, il doit avoir été récolté puis trié puis mis en fût et en bouteilles uniquement par des juifs pratiquants désignés et supervisés par un rabbin. On notera que la procédure de casherisation ne s'applique qu'à partir de la récolte, ce qui veut dire qu'un vigneron qui n'est pas juif peut commercialiser du vin casher issu des vignes qu'il a lui-même cultivées, il lui suffit de faire venir une équipe déléguée par un rabbin pour toute la transformation du vin, en lui transmettant au besoin ses instructions. C'est ainsi que certains vignerons, juifs ou pas, se sont spécialisés dans le vin casher (comme Alain et Frédéric David à Saint-Hilaire-d'Ozilhan) ou que certains châteaux isolent quelques parcelles pour produire une cuvée spécifique.

Vin et religion ont donc partie liée ; on peut néanmoins se demander si la philosophie est susceptible d'éclairer ce lien. Certes, la philosophie de la religion est aujourd'hui un secteur dynamique de cette discipline mais elle se préoccupe essentiellement de questions comme celle des preuves de l'existence de Dieu, des conditions de possibilité de la croyance en un Dieu transcendant, de l'accord des commandements issus de la révélation avec ceux issus de la rationalité – en s'ouvrant parfois à des questions pratiques, autour de l'éthique et de la politique. Elle semble peu se soucier, en revanche, d'un objet comme le vin alors même, comme on vient de le voir, qu'un grand nombre de religions accordent au vin une place éminente et que des travaux théologiques savants lui sont consacrés. La philosophie doit-elle alors se tenir à distance de l'articulation entre vin et religion au bénéfice d'autres disciplines comme la théologie, l'anthropologie des religions ou l'histoire religieuse ? Certaines questions proprement philosophiques méritent néanmoins d'être soulevées, comme celle de l'élucidation du rôle que le vin joue dans la *pratique* religieuse, tant par sa dimension symbolique (ce que le vin signifie) que par ses effets concrets (l'ivresse, recherchée ou prohibée).

Le vin est un symbole d'une grande richesse et l'on voit sans peine pourquoi il est présent dans de nombreux rites religieux. La vigne est une plante exigeante qui ne donne des fruits utilisables qu'à la condition de s'en occuper régulièrement : elle ne pousse pas dans n'importe quelle terre (et les différences géologiques aboutissent à des nuances gustatives marquées) et doit être taillée vigoureusement et habilement. Une vigne sauvage retrouve son statut de liane, grimpe haut et ne produit que de toutes petites baies peu parfumées : couvrant certains murs, la vigne vierge, quoique d'une autre variété botanique, en donne un aperçu. La vigne est par ailleurs sensible à de très nombreuses maladies et est appréciée de plusieurs parasites. C'est enfin une plante qui donne sa pleine mesure à la seule condition de « souffrir », c'est-à-dire de ne pas être régulièrement arrosée et de ne pas recevoir d'engrais. L'ensemble de ces traits culturaux autorise un rapprochement entre Dieu et le vigneron, d'une part, et l'homme et la vigne, d'autre part. La vigne, cet être difficile à dompter, qui a besoin de règles et de cadres, qui ne demande qu'à s'éparpiller et à ne rien produire sans commandement supérieur mais qui sait se dépasser et accomplir de grandes choses sous la contrainte et dans l'effort, s'apparente à la représentation de l'homme dans la plupart des religions révélées. On voit ainsi dans le livre d'Osée Yahvé déclarer : « Comme des raisins dans le désert, je trouvai Israël, comme un fruit sur un figuier, en la prime saison, je vis vos pères » (IX, 10) et, plus loin, pour condamner l'idolâtrie : « Israël était une vigne luxuriante, qui donnait bien son fruit. Plus son fruit se multipliait, plus il a multiplié les autels ; plus son pays devenait riche, plus riches il a fait les stèles. Leur cœur est double, maintenant ils vont expier ; lui-même renversera leurs autels, il dévastera leurs stèles » (X, 1-2). Au symbole de la plante difficile à cultiver, s'ajoutent les incertitudes de la viticulture, tout aussi imprévisible et parfois illisible que l'ordre du monde dont seul Dieu aurait la clef, en particulier dans les confessions juives ou calvinistes mais aussi dans le jansénisme catholique. On ne sait jamais de quoi demain sera fait, de même qu'un grand millésime potentiel peut être réduit à néant par une énorme grêle d'août ou un terrible gel d'avril.

Autre symbole évident : la vie. Le vin rouge évoque par sa couleur le sang et sa consommation codifiée vaut reconnaissance du caractère sacré de la vie, perçue comme un « don de Dieu ». Les libations, en jetant du vin au sol en l'honneur de divinités, relèvent du sacrifice et évoquent le sang versé d'un animal. Le christianisme approfondit et densifie ce symbole avec les paroles célèbres de l'Évangile de Marc : « Puis, prenant une coupe, il rendit grâce et la leur donna, et ils en burent tous. Et il leur dit : "Ceci est mon sang, le sang de l'alliance, qui va être répandu pour une multitude. En vérité, je vous le dis, je ne boirai plus du produit de la vigne jusqu'au jour où je le boirai nouveau (*kainos*) dans le Royaume de Dieu" » (XIV, 23-25, texte très proche dans Matthieu, XXVI, 27-29 et plus ramassé dans Luc, XXII, 20). Le vin symbolise non seulement le sang mais plus spécifiquement le sang du Christ, autrement dit le sang d'un homme en même temps que le sang de Dieu, celui d'un Dieu qui s'est incarné et qui s'est sacrifié pour l'humanité. Communier en buvant du vin revient-il alors à se livrer à une forme de vampirisme ? On sait que les catholiques ont parfois été caricaturés en anthropophages puisqu'ils consomment une hostie supposée contenir le corps même du Christ – l'argument apparaît dès l'Évangile de Jean : « Les Juifs se mirent à discuter fort entre eux ; ils disaient : "Comment celui-là peut-il nous donner sa chair à manger ?" » (VI, 52). Mais l'objection est faible puisqu'il s'agit d'une chair et d'un sang *spirituels* : « En vérité, en vérité, je vous le dis, si vous ne mangez la chair du Fils de l'homme et ne buvez son sang, vous n'aurez pas la vie en vous. Qui mange ma chair et boit mon sang a la vie éternelle et je le ressusciterai au dernier jour. [...] Voici le pain descendu du ciel ; il n'est pas comme celui qu'ont mangé les pères et ils sont morts ; qui mange ce pain vivra à jamais » (VI, 53-54 et 58).

Le symbole étant un pont lancé entre le spirituel et le matériel, il faut néanmoins que le lien ne soit pas trop distendu. Or, si le vin peut faire penser au sang, c'est à la seule condition qu'il soit rouge. Par ailleurs, le vin n'est pas le seul liquide susceptible d'évoquer le sang. Pour le premier point, il faut remarquer que le texte du Nouveau Testament qui définit l'eucharistie ne précise absolument pas la couleur du vin, il ne parle même pas littéralement de vin (*oinos*) : il est uniquement question de la « coupe » (*potêrion*) puis, dans les versions de Matthieu et de Marc, du « fruit de la vigne » (*genêmatos tês ampelou*). La coupe pourrait donc contenir du jus du raisin blanc ou rosé, éventuellement non fermenté : on est loin du vin rouge évoquant le sang ! Rien, du reste, sinon la force d'attraction du symbole, ne permet d'affirmer que le vin consommé par Jésus était rouge : on savait produire du vin blanc à l'époque (qui devait plutôt ressembler à ce qu'on appelle aujourd'hui un vin orange) et il est probable que le vin issu de raisins rouges avait plutôt la couleur d'un rosé d'aujourd'hui, à la robe soutenue. Par ailleurs, les techniques de filtration et de collage étaient encore relativement rudimentaires, laissant donc le vin trouble, ce qui éloigne encore plus de l'aspect du sang. La liturgie catholique n'a d'ailleurs pas considéré que le vin de messe devait être rouge : il est simplement exigé qu'il soit vierge d'additifs (refus de la chaptalisation, du mutage ou de la refermentation en bouteille – on ne peut communier ni au sherry ni au champagne, hélas !), comme le dit clairement le Code de droit canonique : « Le vin doit être du vin naturel de raisins et non corrompu » (Can. 924, § 3). Il est volontiers doux (naturellement, donc) pour ne pas malmener l'estomac du prêtre et très souvent blanc, pour des raisons pratiques (le rouge, ça tache) : le vin idéal est donc de la famille des moelleux ou des liquoreux (heureux ceux qui vont à la messe dans le Sauternais, le Layon ou le Bergeraçois, le vin liturgique n'a pas fait trop de kilomètres). On notera que s'il n'y a en effet aucune référence à la couleur, comme dans le texte biblique, le « fruit du raisin » est en revanche devenu du « vin naturel* ». Il est malgré tout peu probable que le vin de messe soit systématiquement un « vin nature » ou « vivant » – sauf à imaginer que les burettes soient conservées dans une cave à moins de 14 degrés et intégralement bues dans les vingt-quatre heures, le vin naturel étant très sensible aux variations de température et à l'oxydation. Pourtant, les premiers siècles du christianisme ont vu un certain flottement autour de la nécessité de recourir au « fruit du raisin » pour célébrer l'eucharistie. On aurait pu imaginer que la figuration du sang au moyen de n'importe quel liquide rouge ouvrait la voie à d'autres véhicules symboliques (jus de grenade, de framboise, d'airelles, éventuellement fermentées, cochenilles écrasées, sang d'un autre animal). En réalité, à l'exception de quelques courants ascétiques (les hydroparastes* ou aquariens) qui prétendaient communier à l'eau, c'est plutôt l'existence d'alcools plus facilement disponibles que le vin, dans les zones septentrionales, qui a fait naître des pratiques hétérodoxes. Le cidre, la cervoise (une bière sans houblon) ont la faveur des pays du nord de l'Europe – Olivier Bauer évoque ainsi dans *Esprit du vin, esprit divin* la légende de sainte Brigitte d'Irlande qui aurait transformé de l'eau en bière, acclimatant les noces de Cana à l'île verte. Ces variations eucharistiques autour de la pomme et du blé sont condamnées à intervalles réguliers par l'Église, du concile d'Hippone en 393 jusqu'au concile de Trente (1545-1563) qui repousse explicitement l'usage du poiré et du cidre (le délicieux cormé est curieusement épargné, il est vrai qu'il est plus rare) après le concile de Winchester qui avait condamné la bière (et l'eau... il restait donc quelques aquariens égarés) en 1070. L'affaire est donc close pour les catholiques : on communie au vin naturel, point. Du côté des protestants, l'approche directe du texte biblique aurait dû trancher le débat et, de fait, puisqu'il est simplement question du « fruit de la vigne » dans l'Évangile, certains communient avec du jus de raisin afin, par exemple, de concilier pratique religieuse et engagement dans des ligues en faveur de l'abstinence (songeons à l'épisode de la Prohibition aux États-Unis) ou d'éviter d'être en contact avec du vin, pour les alcooliques repentis. Mais, comme le raconte Franck Lestringant dans *Une sainte horreur ou Le Voyage en eucharistie*, les huguenots qui explorent des contrées lointaines demeurent parfois longuement dans des lieux où il est impossible de se procurer du vin. Certes, ils peuvent emporter des tonneaux, mais les vivres finissent par s'épuiser ; quant à la production de vin sur place, elle suppose de disposer de plants et de quelques années devant soi pour que le raisin soit transformable. Doit-on renoncer à communier pendant cette longue période ? Les colons finissent par se convaincre que si Jésus était né dans la baie de Rio et pas au bord de la Méditerranée, il aurait versé dans sa coupe une boisson fermentée locale (le *cahouin*) et aurait dit « Ceci est mon sang » à son propos. Il est donc rationnel de communier au moyen des boissons qu'on trouve sur place plutôt que de renoncer au rite eucharistique faute d'avoir du jus de raisin fermenté sous la main.

On peut noter que les colons n'ont pas envisagé de célébrer le culte en utilisant l'un de ces fabuleux jus de fruits exotiques qu'on déguste encore aujourd'hui dans les rues brésiliennes et qu'on devait pouvoir presser sans difficulté au XVIe siècle… Cela illustre l'importance de la fermentation alcoolique dans le symbolisme religieux du vin : quand bien même le texte biblique ne fait aucune référence à l'alcool, ce n'est pas du jus d'açaï (sa couleur est celle du vin rouge et s'apparente à celle du sang) mais de la racine de manioc mastiquée puis fermentée (la salive fournissant les levures) qui est envisagée comme pouvant représenter du sang du Christ. Le vin, comme tout ce qui provient de la fermentation, est le symbole d'une transformation spectaculaire, d'une transfiguration – comme le thé noir ou le saké, il incarne un saut qualitatif qui évoque, à bien des égards, l'accession à une autre dimension de la réalité. Un produit banal, au goût simple (le raisin, les feuilles de camélia, le riz) devient une boisson raffinée, complexe, à laquelle on peut consacrer tout un livre (la preuve !) à l'issue d'un processus qui n'a été pleinement expliqué sur le plan chimique qu'avec Pasteur au XIXe siècle et qui, partant, a longtemps conservé quelque chose de magique, de mystérieux. Le vin symbolise le passage, l'élévation, l'accès à une réalité supérieure, à un *autre monde* parce qu'il démontre, au sein du monde lui-même, l'existence de phénomènes (chimiques, biologiques) de décomposition et de recomposition de la réalité. De même qu'à travers la religion, les êtres humains pensent accéder, tout en restant sur terre, à une réalité supérieure et transcendante, les fruits fermentés se transmutent en autre chose et présentent des propriétés qui leur étaient étrangères avant ce processus : goût, odeur, texture, présence d'alcool, absence de sucre. Les produits issus de la fermentation contiennent même une petite promesse d'immortalité puisqu'ils prolongent de manière significative l'espérance de vie des fruits transformés. Un grand vin survit à celui qui l'a vinifié : combien de personnes sont-elles nées et mortes depuis l'embouteillage des bouteilles d'arbois jaune 1774 de la collection du commandant Grand, vendues aux enchères en 2018 ? N'y a-t-il pas là, sinon un symbole d'éternité, au moins celui d'une durée qui transcende celle des vies humaines ?

Mais la pratique religieuse ne convoque pas seulement le symbole du vin, elle fait aussi appel à ses *effets*. L'alcool joue fréquemment un rôle dans les processus initiatiques, ésotériques, comme d'autres substances psychoactives par l'altération de la perception qu'il induit. Cette même altération, dès lors qu'elle dépasse la mesure, est sévèrement condamnée par la plupart des religions à l'exception de quelques fêtes, à l'image du carnaval, qui semblent réactiver des rituels propres aux célébrations dionysiaques. Sinon, la démesure est interdite, ce qui n'interdit pas de reconnaître l'aspect euphorisant de la consommation de vin. Les Psaumes évoquent « le vin qui réjouit le cœur de l'homme » (CIV, 15) et les Proverbes sont encore plus explicites : « Procure des boissons fortes à qui va mourir, du vin à qui est rempli d'amertume : qu'il boive, qu'il oublie sa misère, qu'il ne se souvienne plus de son malheur ! » (XXXI, 6-7). Les scènes d'ivresse ne manquent pas dans la Bible et elles sont souvent suivies de malheurs : Noé exposant sa nudité à ses enfants, les filles de Lot se livrant à l'inceste, etc. La méfiance à l'endroit de l'ivresse est au cœur de l'interdiction par l'islam de la consommation d'alcool, qui est associée aux jeux de hasard, eux-mêmes source d'addiction et de déraison. La sourate *Al-baqarah* (la vache, 219) admet encore certaines vertus pour le vin mais, soupesant avantages et inconvénients, reconnaît que le péché l'emporte, ce que la sourate *Al-maidah* (la table, 90-91) explicite en énumérant les « abominations et œuvres du Démon » que sont « le vin, les jeux de hasard, les pierres dressées et les flèches divinatoires ». Le Coran reconnaît néanmoins la joie (posthume) qu'apporte le vin puisqu'il annonce dans la sourate *Muhammad* (15) : « Voici la description du Paradis qui a été promis aux pieux : il y aura là des ruisseaux d'une eau jamais malodorante et des ruisseaux d'un lait au goût inaltérable et des ruisseaux d'un vin délicieux à boire, ainsi que des ruisseaux d'un miel purifié » ; la description du vin paradisiaque est par ailleurs précisée dans la sourate *Al-mutaffifune* (les fraudeurs, 22-26) : « Les bons seront dans un jardin de délice, sur les divans, ils regardent. Tu reconnaîtras sur leurs visages l'éclat de la félicité. On leur sert à boire un vin pur, cacheté, laissant un arrière-goût de musc. »

Selon beaucoup de religions, le vin apporte donc du bonheur, avant ou après la mort, et l'on peut imaginer que le léger enivrement induit par une consommation raisonnable participe de ce bonheur. Le Talmud affirme clairement : « Il n'y a pas de joie sans vin » (Pessahim, 109a). Mais il y a aussi une consommation *mystique* du vin, l'ivresse permettant d'atteindre un état de conscience modifié. C'est ainsi que l'entendaient les Égyptiens quand ils buvaient du vin pour pénétrer temporairement dans le royaume des morts ; c'est aussi ce que symbolise la figure de Dionysos-Bacchus, le « dieu fou » qui a offert aux hommes l'ivresse et le théâtre qui leur permettent d'éprouver l'altérité. On rencontre le même phénomène en Perse et en Anatolie dans la poésie bacchique que Malek Chebel décrit dans sa remarquable *Anthologie du vin et de l'ivresse en Islam* : « Aux yeux des mystiques, le but ultime de la consommation de vin est d'aboutir à un état d'extase proche de l'illumination » – Chebel ajoute avec esprit : « Il n'est pas impossible non plus que dans certains couvents isolés, situés dans des cavernes des montagnes de Syrie, d'Afghanistan ou du Tadjikistan, l'effet du vin n'ait eu pour but de réchauffer les corps soumis aux froids cuisants de l'hiver. » On peut néanmoins se demander si la véritable ivresse mystique n'est pas celle qui peut se passer, sinon de vin, en tout cas d'alcool. Un curieux passage des Actes des apôtres semble aller dans ce sens. Le jour de la Pentecôte, l'Esprit saint se manifeste et il se produit nombre de choses bizarres (ce n'est pas rare dans la Bible) : des langues de feu apparaissent ainsi qu'un phénomène de glossolalie (chacun parle et comprend les langues étrangères) qui suspend provisoirement la punition de Babel. On lit alors : « Tous étaient stupéfaits et se disaient, perplexes, l'un à l'autre : "Que peut bien être cela ?" D'autres encore disaient en se moquant : "Ils sont pleins de vin doux (*gleukos*)" » (II, 12-13). Le terme *gleukos* est difficile à traduire et à interpréter : on le traduit aussi parfois par « vin nouveau » (terme qu'il faudrait plutôt réserver au *kainos*). Il désigne ce qu'en français on appelle du « vin bourru » soit un moût en cours de fermentation qui n'est pas encore le vin nouveau, dit aussi « primeur », qu'on peut commercialiser à partir du troisième jeudi de novembre. Le vin primeur ou nouveau titre entre 10 degrés et 12,5 degrés contrairement au vin bourru qui n'a quasiment pas transformé son sucre en alcool : il est très doux (*gleukos* fait penser à « glucose », c'est normal, le mot a été forgé en 1838 par Jean-Baptiste Dumas à partir de ce mot grec) et ne comprend que très peu d'alcool (entre 1 degré et 3 degrés). Il est donc à peu près impossible de se soûler avec du *gleukos*. Quel est alors le sens de ce verset des Actes des apôtres ? On peut considérer qu'il s'agit de mettre en avant la capacité de l'Esprit saint à rendre ivre sans alcool, à faire naître une extase religieuse, un état de communion avec la transcendance et d'exaltation qui ne doit rien au vin et tout à l'expérience mystique (sobre).

Le vin joue, on l'a vu, un rôle instrumental dans son rapport à la religion : qu'il s'agisse du symbole ou de l'ivresse, on comprend pourquoi certains auteurs, comme le philosophe hongrois Béla Hamvas, ont pu imaginer que l'expérience du vin pouvait valoir comme arme de combat contre l'athéisme. Il y a donc un « vin de la religion » mais il y a tout aussi bien une forme de *religion du vin* dans la mesure où la culture du vin, au sens large, donne lieu à des comportements qui ont l'apparence d'une foi collective et structurée. Cultes, rites : quand on assiste, comme béotien, à une dégustation, on est presque étonné que les convives ne revêtent pas un habit de circonstance, pour marquer leur appartenance à un groupe d'initiés. Et, d'ailleurs, on le voit parfois, quand se réunit une confrérie folklorique, comme celle des Chevaliers du Tastevin, aux étranges costumes et aux titres savoureux (grand connétable, grand cellérier, grand sénéchal…). La langue du vin elle-même n'échappe pas toujours à l'ésotérisme (la présence d'un glossaire à la fin de ce livre en est une preuve) comme s'en moquent gentiment des films comme *L'Aile ou la cuisse* (et sa fameuse « pourriture noble* en suspension » repérée par Louis de Funès dans un… bordeaux rouge) ou *Les bronzés font du ski* (la redoutable liqueur d'échalote au crapaud, relevée au jus d'ail, succédant à la fougne : « Bien fruitée, c'est goûtu, ça a du retour », affirme Bruno Moynot). La religion du vin, au-delà du sentiment d'appartenance communautaire, connaît aussi ses courants, ses chapelles voire ses sectes, autant de groupes qui se distinguent et parfois s'invectivent : les amateurs de vins « classiques » se moquent des buveurs de vins « nature* » et ces derniers traitent parfois les premiers de buveurs de vins « morts », de « cadavres » en bouteille. Et, à la manière des organisations gauchistes des années 1970 où trois maoïstes arrivaient à se diviser en quatre groupes et à s'excommunier pour déviationnisme, même des mouvements relativement minoritaires, comme les passionnés de vins naturels, s'opposent entre partisans d'une quantité microscopique de sulfites* à la mise en bouteilles et défenseurs du « zéro zéro », qui considèrent les premiers comme des hérétiques. On ne compte ainsi pas moins de trois labels pour les vins nature* : vin méthode nature (label reconnu par la DGCCRF), AVN (adhésion à l'Association des vins naturels) et SAINS (vins sans aucun intrant ni sulfite [ajouté]). À quoi s'ajoutent les différents labels concernant la viticulture selon qu'elle est à « haute valeur environnementale » (HVE), raisonnée, « bio », biodynamique, des organismes publics ou privés se chargeant de la certification. Évidemment, beaucoup de vignerons du mouvement « nature » ayant l'habitude de travailler en toute liberté, loin des appellations d'origine contrôlée et des logiques de chapelle, n'adhèrent à aucune charte et ne possèdent aucune certification !

La religion du vin se manifeste par son vocabulaire ésotérique, ses tentations schismatiques, ses rites codifiés, son idolâtrie (il y a de « grands noms » dont tout le monde veut boire les vins, ce qui les rend difficiles à trouver, même en y mettant le prix : Lalou Bize-Leroy, Emmanuel Reynaud, Pierre Overnoy et Emmanuel Houillon, Mito Inoue, feu Didier Dagueneau, Jean-François Ganevat, Marlène Soria, Pierre Beauger, feu Laurent Vaillé, Aurélien Lefort, feu Henri Jayer) et sa condamnation de l'idolâtrie (les « buveurs d'étiquettes »). La religion du vin prend aussi la forme d'une relation ineffable, magique avec ce produit de la terre. Certaines pratiques culturales, aux résultats très satisfaisants sur le plan gustatif, reposent sur des fondements incertains scientifiquement et ancrés dans des mouvements religieux : c'est le cas de la biodynamie, inspirée de l'anthroposophie* de Rudolf Steiner. Certains vignerons et certains amateurs semblent « habités » par un sentiment mystique et voient dans la production vinicole une connexion privilégiée avec le sens ultime des choses. Sur la contre-étiquette de la (très bonne) cuvée Iris de Christophe Lindenlaub, on lit par exemple : « Avec ces vins décalés, on assiste à un retour aux origines. Ils appellent à une ouverture d'esprit, un état méditatif. Un symbole de la calligraphie japonaise en forme de cercle illustre bien cette philosophie : Ensō. » De manière moins déroutante mais plus inquiétante, la religion du vin se manifeste enfin, parfois, par une intolérance qui flirte avec un racisme feutré quand on voit assimiler ceux qui ne boivent pas de vin, par conviction religieuse, à des personnes un peu pénibles, qui ne savent pas s'amuser, qui ne s'intègrent pas à notre société. De manière plus indirecte mais en réalité tout aussi contestable, on verra des amateurs louer la supériorité de la « civilisation du vin », renvoyant implicitement les autres cultures, *a fortiori* celles qui refusent l'alcool, au rang de peuplades sous-développées voire de « barbares » qui ne demandent qu'à nous envahir et à nous remplacer, après avoir détruit nos caves et vidé nos bouteilles au caniveau.

Contre la tentation du repli sur soi et contre une religion du vin frileuse et xénophobe, l'ambition d'une *philosophie du vin* est, en dialoguant avec les grandes traditions viticoles, vinicoles et œnophiliques, de *connaître* le vin, et les réalités qui l'entourent, dans un esprit de curiosité et d'ouverture (pas seulement de bouteilles). Le prochain chapitre raconte l'histoire de cette discipline.

Chapitre sept

Le vin des philosophes ou Y a-t-il une histoire de la philosophie du vin ?

De Platon à Montesquieu

Et toutes choses se défont
Comme le plâtre des plafonds
Comme le vin du carafon

Gérard Manset, « Toutes choses »

Des philosophes parlant du vin, il y en a depuis que la philosophie existe. Mais des philosophes évoquant des lits et des feuilles mortes, il y en a aussi depuis que la philosophie existe et il n'y a pourtant pas de philosophie du lit ou de philosophie des feuilles mortes. Et encore moins d'histoire de la philosophie du lit ou des feuilles mortes ! Quand bien même ces objets sont indissociables, pour les lecteurs familiers de l'histoire de la philosophie, de la *République* de Platon (l'exemple des trois lits dans le livre X : le lit concret, le lit représenté en peinture et le concept du lit) et des *Nouveaux essais sur l'entendement humain* de Leibniz (la princesse Sophie dit ne pas pouvoir trouver deux feuilles semblables dans son jardin, illustrant le principe des indiscernables). Le vin n'est donc pas un objet comme les autres dans le discours philosophique. Plus exactement, il faut distinguer les textes philosophiques qui mobilisent le vin comme un simple exemple de ceux qui accordent au vin une place telle que s'y déploie véritablement une *philosophie du vin*.

Il ne faut pas non plus confondre philosophie du vin et réflexion philosophique sur l'ivresse. Un philosophe peut analyser les effets de l'alcool sans mentionner spécifiquement le vin. Il peut, symétriquement, s'intéresser au vin sans faire référence aux effets de sa consommation quand, par exemple, il s'attache à sa dimension symbolique. Force est de reconnaître, néanmoins, que la superposition est fréquente : si l'on écartait du *canon* de la philosophie du vin les textes qui parlent aussi voire principalement de l'ivresse, l'histoire en serait vite retracée. L'histoire de la philosophie du vin ne saurait non plus être assimilée à celle des philosophes ayant bu (parfois trop, parfois trop peu) du vin. Il y a eu des philosophes abstinents, des philosophes alcooliques ; on connaît les préférences de quelques-uns, elles sont parfois déroutantes, comme celles de Kant qui surprend le lecteur en évoquant au détour du paragraphe 7 de la *Critique de la faculté de juger* le « vin des Canaries » pour distinguer l'agréable du beau. Des ouvrages se sont ainsi attachés à décrire la place du vin dans la vie de plusieurs philosophes, du *Ventre des philosophes* (1989) de Michel Onfray au plus récent *Vin de la philosophie* (2022) de Grégory Darbadie. En conclusion de *Je bois donc je suis*,

Roger Scruton avait de son côté imaginé de façon plaisante quel vin conviendrait pour accompagner la lecture de tel ou tel philosophe (du Lynch-Bages 1959 en compagnie de Cicéron, un mercurey rouge Les Naugues 1999 pour comprendre Spinoza ou, cruellement, « un doigt de beaujolais dans un verre rempli d'eau gazeuse » pour Nietzsche).

L'histoire de la philosophie du vin proprement dite a connu une accélération récente, sous l'impulsion de philosophes anglais et américains. J'ai essayé de n'oublier personne et on trouvera ces nombreux ouvrages dans la bibliographie finale. Certains relèvent plus de la « littérature bachique » que de la philosophie mais d'autres témoignent d'une solide rigueur argumentative qui en fait de vrais livres scientifiques. J'ai choisi de laisser de côté dans ces derniers chapitres les auteurs vivants. Comme pour une bonne bouteille, le temps de la *décantation* s'impose aux productions les plus récentes. Mais il faut garder en tête que si l'on classe chronologiquement le corpus total de la philosophie du vin *stricto sensu*, les trois quarts des pages écrites l'ont été ces quarante dernières années. On pourrait donc aller jusqu'à soutenir que les pages qui suivent constituent plus une *préhistoire* de la philosophie du vin que le détail de son histoire, à proprement parler.

À tout seigneur tout honneur, il revient à celui qui est à bien des égards le « père » de la philosophie occidentale, **Platon** (né autour de – 427 et mort autour de – 347), d'apporter la première pierre à l'édifice de la philosophie du vin. Celui-ci est présent dans plusieurs dialogues, du *Banquet*, bien sûr, à *La République* mais c'est dans son dernier grand texte, *Les Lois*, qu'il occupe une place centrale, Platon lui consacrant une grande partie des deux premiers livres (sur douze), entre analyse des effets du vin et réflexion sur la place des banquets (arrosés) dans l'administration de la Cité et l'éducation des citoyens. Dans ces pages dont on se demande si on pourrait les faire lire en terminale sans émoi chez les associations de parents d'élèves, le ministère de l'Éducation nationale et celui de la Santé et de la Prévention, on apprend que « le temps passé à boire ensemble [...] joue, si on l'emploie comme il convient, un rôle important dans l'éducation » (641 c-d). Ou encore, comme aurait pu le soutenir Winston Churchill, clamant que sa longévité s'expliquait par un tonitruant (quoique probablement apocryphe) « *Cigars, whiskies, no sport !* », Platon envisage que « le temps passé à boire du vin » puisse présenter « pour nous un avantage qui ne le cède en rien à celui que procurent les exercices corporels ». Ces derniers ont l'inconvénient, par comparaison, « à tout le moins au départ, de s'accompagner de souffrance » (646 d), contrairement à la consommation de vin. Qu'on se rassure, Platon ne recommande pas de boire du vin à tout âge et surtout pas dans la prime enfance : il souhaite une abstention totale (on ne peut même pas le goûter) avant 18 ans « parce qu'il ne faut pas faire couler du feu sur le feu », une consommation modérée jusqu'à trente ans (« en s'abstenant absolument de l'ivresse et de l'excès de vin ») (666 a-b). En revanche, en abordant la quarantaine et en la dépassant, le vin peut être consommé largement puisqu'il « constitue pour les hommes âgés une initiation en même temps qu'un divertissement, dont ce dieu [Dionysos] a fait don aux hommes comme d'un médicament (*pharmakon*) destiné à prévenir le dessèchement de la vieillesse, pour faire que nous rajeunissions et que, par l'oubli de ce qui lui enlève son ardeur, l'âme retrouve une humeur moins rigide et plus souple » (666b).

Mais le vin n'est pas seulement pour Platon ce médicament qui, au fond, console du vieillissement en donnant l'illusion de retrouver une ardeur perdue. Il est aussi le support d'un travail sur soi qui permet de s'élever, de s'endurcir, de se maîtriser – le vin permet ainsi de réaliser des objectifs qu'on assigne volontiers à la philosophie, y compris dans la langue courante quand on dit qu'on doit prendre quelque chose « avec philosophie », c'est-à-dire un curieux mélange de courage, de bonhomie et de relativisation. Pour démontrer cela, Platon emprunte un chemin déroutant (comme souvent). Il commence par évoquer une boisson qui n'existe pas et dont il fait l'éloge en énumérant ses propriétés : « un médicament qui produise la crainte, de façon à faire que plus un homme accepte d'en boire [...] plus il se considère comme infortuné et éprouve de la crainte à l'égard de tout ce qui lui arrive [...] et de façon, finalement, à faire que le plus courageux des hommes en vienne à tout redouter, alors que, au contraire, une fois réveillé de sa torpeur (*ekkoimêthenta*) et délivré du breuvage, il redevienne à chaque fois le même homme » (647e-648a). On voit l'intérêt de ce breuvage : il endurcit, acclimate l'esprit à la peur, permet de savoir la surmonter. Certes, il est peu probable qu'un dealer voulant faire commerce de cette drogue fasse fortune même si elle peut faire penser à certaines expériences radicales et peu agréables liées à la consommation chamanique de l'ayahuasca. Platon poursuit la description de la boisson idéale et incite ceux qui voudraient bien la boire à surmonter la honte, l'embarras que sa consommation pourrait faire naître : personne (et surtout pas un guerrier athénien barbu et viril !) n'a envie de s'afficher dévoré par la terreur et l'angoisse. La tentation est forte de boire tout seul la drogue qui rend peureux et anxieux quelques heures mais il faut avoir le courage de se montrer publiquement dénué de courage, sous l'effet de l'étrange médicament : « On n'aurait pas moins raison si, s'estimant convenablement préparé par la nature et par l'exercice, on ne montrait aucune hésitation à s'exercer en partageant ce breuvage avec de nombreux compagnons, en laissant voir la force exercée par l'inévitable altération (*diaphora*) due au breuvage, et en la dominant, au point d'éviter grâce à son excellence de commettre un seul manquement grave à la décence et de déchoir, et si on se retirait avant d'arriver à la dernière coupe, dans la crainte de la défaite que la boisson inflige à tous les hommes » (648d-e).

Quel étrange dernier verre... La « dernière petite goutte » est ici celle de l'ultime terreur, comme dans le film japonais *Ring* où des amateurs de cinéma d'horreur sont en quête de la VHS qui saura enfin les glacer d'effroi et qui, en réalité, finit par les tuer. Quel rapport avec le vin ? Certes, là aussi le verre de trop peut tuer ou plonger dans un coma éthylique. Certes, on associe parfois le vin au *delirium tremens* dont le tableau clinique peut évoquer les angoisses monstrueuses que le *pharmakon* imaginaire platonicien est censé faire naître : le sevrage alcoolique en étant l'origine, on pourrait en effet incriminer la « dernière coupe ». Platon affirme d'ailleurs explicitement que les effets du vin ne semblent pas du tout être ceux de cette boisson : « Il commence d'abord par rendre plus enjoué qu'il ne l'était auparavant l'homme qui a bu, et plus cet homme en goûte, plus il est rempli d'espoirs nombreux et magnifiques et plus s'accroît sa capacité à imaginer des choses. Et à la fin, bien sûr, parce qu'il croit tout savoir, cet homme est rempli de franc-parler et de liberté, et dépourvu de toute crainte au point de dire et aussi bien de faire n'importe quoi, sans restriction » (649 a-b). Là où le « médicament de "sorcier" » (*goês*) inhibe, le vin désinhibe, là où le premier fait voir la vie en noir, le second la peint en rose.

Pourquoi alors Platon a-t-il fait un si long détour ? Pourquoi évoquer si longuement cette boisson illusoire pour parler d'une boisson bien réelle qui produit des effets diamétralement opposés ? Le texte platonicien est toujours d'une grande richesse et d'un certain hermétisme, pour la philosophie du vin comme pour les autres domaines. On n'en épuisera donc pas le sens mais une explication relativement simple est donnée dans le texte même : le vin comme la boisson magique poussent à l'excès et éduquent à la tempérance. « Or ne sommes-nous pas affectés [...] par tous les sentiments que voici : ardeur, passion, démesure, ignorance, cupidité, lâcheté, ou encore par ceux-ci : richesse, beauté, vigueur et tout ce qui rend insensé lorsque nous sommes enivrés par le plaisir » (649d) : l'expérience des profondeurs angoissantes vaut, par son intensité, celle des sommets glorieux. En s'enivrant, on croit vivre une vie meilleure avec la même force que la noirceur qui nous dévore avec la drogue des sorciers. Mais le vin est un meilleur véhicule que le terrifiant *pharmakon* car le voyage est sans risque (selon Platon… les autorités sanitaires sont plus réservées), il est même amusant : « Pour faire d'abord une expérience qui ne coûte pas cher et qui ne présente aucun danger, et ensuite pour nous entraîner, sommes-nous en mesure de citer un plaisir plus approprié que le fait de boire du vin en guise d'épreuve et de divertissement, pourvu que l'expérience soit menée avec un tant soit peu de précaution ? » (649d).

Sénèque (né entre – 1 et – 4 et mort en 65), conscient de l'attractivité du vin, se demande pour sa part ce que le stoïcisme peut faire pour « détourner de la passion du vin » (c'est ainsi qu'Henri Noblot traduit, avec audace, *ebrietas*). Cette question importante occupe une grande partie de la *Lettre 83 à Lucilius* qu'un psychiatre, Marc Valleur, a décrite comme « un classique de l'addictologie ». Après avoir établi la faiblesse logique des arguments avancés par un des fondateurs du stoïcisme, Zénon, Sénèque expose sa propre philosophie du vin, centrée sur l'idée de modération. La maîtrise de soi ne passe pas, comme chez Platon, par l'expérience de l'excès et par la domestication de l'ébriété. Bien au contraire, Sénèque s'attache à établir que s'il y a, en effet, des individus susceptibles de supporter de fortes quantités de vin et rendus braves et clairvoyants par cette consommation, ils constituent une exception, une curiosité et ne sauraient être érigés en modèles. Il ne sert donc à rien de vouloir aguerrir les hommes en les faisant boire plus que de raison : il vaut mieux que chacun cultive en soi le plaisir de la tempérance et l'habitude d'une consommation mesurée. Car une consommation excessive produit des effets imprévisibles, comme le montre la différence entre l'ivresse et l'ivrognerie : « L'homme ivre (*ebrius*) peut l'être pour la première fois et n'avoir aucun penchant à ce vice ; l'ivrogne (*ebriosus*) peut souvent n'être pas ivre. » Sénèque accueille avec sarcasme le genre d'entraînement à la boisson que louait Platon dans les banquets des *Lois* : « Tenir beaucoup : la belle gloire ! Après que tu auras remporté la palme et que les autres buveurs, terrassés par le sommeil et vomissants, ne pourront plus répondre à tes défis, quand demeuré seul debout de toute la tablée, tu auras la victoire complète due à ta magnifique vaillance, personne n'ayant tenu autant de vin que toi – un tonneau sera ton vainqueur. »

Il considère même que l'accoutumance à la boisson produit des individus incontrôlables et dangereux qui, loin de se mithridatiser* et d'atténuer ainsi les effets du vin, basculent dans une maladie mentale chronique : « De même qu'une maladie qui se prolonge fait du patient un geignard intarissable et un quinteux, entrant en fureur à la moindre contrariété, de même l'orgie continue rend les caractères féroces. Dans une âme souvent hors d'elle-même la folie se ménage des habitudes, de sorte que les vices qu'a engendrés le vin n'ont plus besoin qu'il agisse pour prospérer. » La sagesse commande « d'attaquer de front l'ivrognerie, d'en découvrir les vices dont se gardera sans peine un homme ordinaire, à plus forte raison l'homme accompli, le sage : celui-ci se contente d'apaiser sa soif ; s'il lui arrive de répondre à l'invite de quelque joyeuse partie qui, organisée à l'intention d'un autre, s'est passablement prolongée, il s'arrête, malgré tout, en deçà de l'ivresse ». Il y a donc une *juste mesure* de la consommation de vin, comme dans les campagnes de santé publique où boire avec modération signifie un nombre maximum de verres par jour, par semaine, etc. Ici : étancher la soif, être poli (ne pas refuser un verre lors d'une fête) fixent la limite à ne pas dépasser. Il ne faut pas boire quand on n'a pas soif (le vin hydrate fort mal mais Sénèque ne le savait pas...) et il ne faut pas se soûler en soirée. On remarquera que Sénèque prône la sobriété et non l'abstinence qui serait une forme d'excès dans l'autre sens : la société romaine est ainsi faite qu'on y boit du vin, c'est comme ça, et la pensée stoïcienne accepte l'ordre du monde et les conventions sociales.

Plus profondément, la philosophie du vin de Sénèque s'appuie sur ce qu'est *objectivement* une boisson alcoolisée : elle désinhibe, elle révèle, elle accentue. Là où Platon voyait dans l'alcoolisation un support à l'endurance, à l'initiation, à l'élévation, Sénèque insiste sur ses aspects délétères et souligne, en passant, la fragilité des comportements moraux : « Il n'est pas de mauvais penchant que l'ivresse n'échauffe et ne dévoile ; elle ôte la barrière opposée aux impulsions vicieuses : le respect humain ; car généralement c'est par honte de mal faire plutôt que par pureté d'intention que l'on respecte les prohibitions de la morale. Lorsqu'une trop brutale poussée de vin (*vis vini*) tient l'âme asservie, tout ce qui s'y cachait de dépravation se montre à la surface. » À lire la *Lettre 83*, on a bien l'impression de découvrir en effet, comme le dit Marc Valleur, un « classique de l'addictologie » et même un classique de l'alcoologie tant la description des symptômes cliniques de l'alcoolisme est juste. Mais on aurait tort de résumer le texte de Sénèque à cet aspect : il fait l'éloge de la modération et d'un art de boire qui n'accepte aucun compromis avec l'ivrognerie et élabore une *pédagogie* de la tempérance. Le vin existe, sa consommation est une réalité sociale dont il est difficile de faire abstraction, on doit apprendre à boire et apprendre à s'arrêter quand il convient. On ne s'instruira pas dans l'excès d'alcool. Sénèque donne ce conseil au philosophe qui parle du vin : « Montre la laideur de l'ivresse et ses dangers par des faits, non par des mots. Démontre, quoi de plus facile ? que, s'ils dépassent la mesure, les plaisirs, puisque ainsi on les nomme, sont des supplices. » Conseil paradoxal : le philosophe doit se méfier de l'argumentation intellectuelle quand il s'agit de faire prendre conscience des méfaits de l'alcoolisme.

Des faits, non des mots, alors que le philosophe semble être essentiellement un homme de mots. Mais il s'agit ici de savoir manier des mots qui convoquent des images fortes, des sensations vives, des souvenirs douloureux. De confronter celui qui pense pouvoir boire un peu trop tout en restant maître de lui (illusion fréquente de celui qui pense qu'il « tient » mieux que les autres) à la vérité physiologique et à la solidité du réel (les faits sont têtus, comme on dit) : « Quant à faire voir par raison démonstrative qu'un excès de vin n'enivre point le sage et qu'il continue de cheminer droit, en dépit des fumées de son cerveau, tu inférerais aussi bien qu'une coupe de poison ne le fera pas mourir, qu'un soporifique ne le fera pas dormir et que des grains d'ellébore ne lui feront pas rendre, par le haut et par le bas, tout ce qui aura encrassé ses entrailles. Mais si ses jambes sont prises, si sa langue s'empâte, qu'est-ce qui te permet de supposer qu'une moitié de sa personne est ivre et que l'autre ne l'est pas ? » Savoir boire ne saurait donc pas être pour Sénèque mesurer jusqu'à quel point l'ivresse reste maîtrisée. Pour lui, la maîtrise signifie s'arrêter de boire avant que l'ivresse commence : qu'une partie de notre esprit soit susceptible de reprendre le contrôle sur la partie de notre esprit engluée dans la soûlerie est une fiction. Notre esprit est un et est alors intégralement embrumé par le vin. La philosophie du vin de Sénèque est essentiellement une philosophie de l'ivresse ou plus exactement *contre* l'ivresse.

On ne saurait dire cela de **Rabelais** (vers 1483-1553). Sa philosophie du vin ne se résume pas à la question de l'ivresse (et encore moins à sa condamnation) même s'il l'évoque, comme dans le chapitre cinq de *Gargantua*, « Les propos des bien ivres », réactivant l'entrelacement platonicien de l'ébriété et du mysticisme : « Non, moi, pécheur, je bois sans soif. Et ce n'est pas pour la soif présente, c'est pour celle du futur. En l'anticipant, vous comprenez bien. Je bois pour la soif à venir. Je bois éternellement, c'est une éternité de beuverie, et beuverie d'éternité » ou encore : « Si je ne bois pas, je suis sec. Me voilà mort. Mon âme s'enfuira en quelque grenouillère. Jamais une âme n'habite un lieu sec. Sommeliers ! Oh créateurs de nouvelles formes, rendez-moi non-buvant buvant. Pérennité d'arrosage à travers ces boyaux secs et nerveux. » L'ivresse occupe une place relativement marginale chez Rabelais à la lumière des développements substantiels consacrés au vin et qui ne la mentionnent même pas. Le vin, en revanche, se voit reconnaître une dignité et une éminence qui peuvent surprendre puisque boire du vin est ce qui définit en propre l'humanité : « Et ici nous maintenons que ce n'est pas rire qui est le propre de l'homme, mais boire ; je ne dis pas boire simplement et absolument, car aussi bien les bêtes boivent ; je dis boire du vin bon et frais. » (*Cinquième Livre*, chapitre quarante-cinq). Jamais traduction aussi métaphysique de l'injonction d'ivrogne « Bois, si tu es un homme ! » n'a été proposée !

Rabelais déploie son humanisme vineux de *Pantangruel* au *Cinquième Livre*. Le lien de l'humanité au vin commence dès l'enfance : dans *Gargantua*, les premiers mois de l'existence du héros sont rythmés par la présence de la « purée septembrale » (on vendange en septembre) et, comme certains mauvais parents le font encore aujourd'hui paraît-il, on calme l'enfant grâce au vin : « S'il advenait qu'il soit en colère, courroucé, fâché ou triste, s'il trépignait, s'il pleurait, s'il criait, on le remettait à son humeur naturelle en lui apportant du vin et immédiatement il restait tranquille et joyeux. Une de ses gouvernantes m'a dit, jurant sur sa foi qu'il en était si coutumier qu'au seul son des pintes et des flacons il entrait en extase comme s'il goûtait les joies du paradis. De sorte qu'en considérant cette complexion divine, elles le réjouissaient au matin en faisant sonner devant lui des verres avec un couteau, ou des flacons avec un bouchon, ou des pintes avec leur couvercle. À ce bruit il s'égayait, il tressaillait, et il se berçait lui-même en dodelinant de la tête, pianotant des doigts et barytonnant du cul » (chapitre sept). Le vin ne gouverne pas seulement l'enfance, il est aussi au centre de la vie d'adulte et en particulier de la vie sexuelle puisque, et c'est le médecin Rabelais qui utilise ici son savoir, il est à la fois capable de réfréner « la concupiscence charnelle » et de la susciter, poison et remède tout aussi bien : « Par l'excès de vin, il arrive au corps humain un refroidissement du sang, un affaissement des nerfs, une dissipation de la semence générative, l'hébétude des sens, le dérangement des mouvements, toutes choses non pertinentes à l'acte de génération. De fait, vous voyez que Bacchus, dieu des ivrognes, est peint sans barbe et en habit de femme, comme tout efféminé, comme eunuque et écouillé. Il en va autrement du vin pris avec tempérance. L'antique proverbe nous le montre, auquel il est dit que Vénus a froid sans la compagnie de Cérès et Bacchus. » (*Le Tiers Livre*, chapitre trente et un). Le caractère central du vin dans l'anthropologie rabelaisienne trouve son apogée dans les dernières pages de son dernier livre (*Le Cinquième Livre*, publié à titre posthume), à travers l'oracle de la Dive Bouteille où Rabelais mobilise une érudition éblouissante : religieuse, médicale, philosophique, linguistique, mathématique mais surtout œnophilique. La passion de Rabelais pour les listes trouve ici à s'épanouir dans la description d'une forme de conservatoire des cépages avant la lettre, attribué à Bacchus : « En approchant du temple de la Dive Bouteille, il nous fallait passer au milieu d'un grand vignoble fait de toutes les espèces de vignes, comme falerne, malvoisie, muscadet, tabbie, beaune, mirevault, orléans, picardent, arbois, coussy, anjou, graves, corse, verron, nérac et autres. Ce vignoble a été planté jadis par le bon Bacchus avec une telle bénédiction qu'en tout temps il portait des feuilles, des fleurs et des fruits, comme les orangers de Libye » (chapitre trente-trois).

Après avoir traversé le vignoble, les héros passent sous un porche orné de ceps de vigne portant cinq cents cépages aux formes et couleurs différentes et parviennent aux portes du temple « sur la façade duquel était écrite en lettres ioniques d'or très pur cette sentence : *En oino alêtheia*, c'est-à-dire *En vin vérité* ». La fin du livre est consacrée à l'explicitation de ce que signifie pour la vérité d'être contenue dans le vin. Explicitation, si l'on peut dire… l'exploration finale du temple étant particulièrement ésotérique, au sens propre comme au sens figuré. La grande prêtresse du culte de la Dive Bouteille, Bacbuc, ordonne aux héros de boire l'eau de la fontaine somptueuse et magique qu'ils découvrent dans le temple. Ce faisant, elle assimile son geste à celui de Moïse (Exode, XVI) : « Jadis un capitaine juif, docte et chevaleresque, conduisant son peuple à travers les déserts dans une extrême famine, demanda aux cieux la manne qui pour eux avait le même goût, par imagination, qu'auparavant les nourritures réelles ; ici de la même façon, en buvant de cette liqueur mirifique, vous sentirez le goût de tel vin que vous aurez imaginé. Or, imaginez et buvez. » La description des vins imaginés présente deux spécificités. Premièrement, il n'est jamais question d'alcool : ils boivent de l'eau qui a goût de vin mais qui n'enivre pas. Le vin est ainsi rendu à sa double nature d'eau végétale transformée et de véhicule de saveur, il n'est pas réduit à sa capacité à enivrer. Deuxièmement, chaque vin est propre à chaque buveur (Panurge boit du vin de Beaune, frère Jean du vin de Grèce, Pantagruel du vin de Mirevault), les goûts sont variés et comme c'est l'imagination de chacun qui détermine la saveur que l'eau va prendre, il y a autant de vins que d'initiés à l'eau de la fontaine magique. Il y a même autant de vins que de vins imaginés et celui qui pensera successivement à un riesling, un poulsard et un cinsault boira de l'eau au goût de riesling puis de poulsard puis de cinsault : « Buvez, dit Bacbuc, une, deux, trois fois. Ensuite, changeant d'imagination, vous la trouverez telle en goût, saveur ou liqueur, que vous l'aurez imaginée » (chapitre quarante-deux).

Mais la philosophie de la Dive Bouteille rabelaisienne ne se résume pas à la métamorphose de l'eau en vin, éminemment symbolique (on pense à l'alchimie) et convoquant directement la figure du Christ en plus de celle de Moïse. Elle développe aussi l'idée contenue dans l'adage *In vino veritas*, comme on le voit avec l'ode à Bacchus au chapitre quarante-quatre, dont la présentation typographique, anticipant sur les *Calligrammes* d'Apollinaire, évoque un flacon de vin :

« Dans la divine liqueur,
Qui est dedans tes flancs reclose,

Bacchus, qui fut d'Inde vainqueur,
Tient toute vérité enclose.
Vin tant divin, loin de toi sont forclos
Tout mensonge et toute tromperie. »

De la Bouteille sacrée jaillit alors un mot qui, affirme Bacbuc, est un « mot-vérité total, célèbre et compris de toutes les nations, et qui signifie Buvez » (chapitre quarante-cinq). Ce mot, *Trinch*, reproduit, selon Panurge, le bruit des « bouteilles cristallines de nos pays, quand elles éclatent près du feu ». Ce n'est pas parce que le vin délie les langues en désinhibant – rendant les hommes inaptes au mensonge puisqu'ils perdent ruse et contrôle – que la vérité serait dans le vin, comme on pourrait le penser. Non, pour Rabelais, le vin éloigne l'humanité de la tromperie, de la dissimulation et de l'imposture parce qu'il rend les hommes sages et savants : « Notez, amis, que de vin divin on devient, et il n'y a pas d'argument si sûr, ni d'art de divination moins trompeur. Vos Académiques l'affirment, en donnant l'étymologie de Vin, car ils disent qu'en grec *Oinos* est comme *Vis*, force, puissance. Car il a le pouvoir d'emplir l'âme de toute vérité, tout savoir et philosophie. » Mais la science et la sagesse dont il est ici question ne sont pas érudition vaine, pure accumulation de savoir : elles ont une portée universelle, *Trinch* se disant dans toutes les langues et

« Buvez » indiquant qu'on ne boit pas seul, que le fait de boire est une réalité sociale, collective, solidaire et non solitaire. La vérité contenue dans le vin est, certes, une *connaissance*, mais connaissance à portée universelle et qui a vocation à être universellement partagée. L'humanisme renaissant est au cœur de ce projet philosophique. Boire du vin est le propre de l'homme pour Rabelais. Boire signifie ici partager, échanger et, par le partage et l'échange, prendre conscience de la nature humaine commune et unique. Boire enrichit et développe universellement par l'étude, l'élévation de l'esprit et la fraternité.

Rabelais place le vin au centre de son anthropologie et de sa théorie de la connaissance. Cela suffit pour en faire une figure majeure de l'histoire de la philosophie du vin. Mais il va plus loin. Platon comme Sénèque ont écrit sur le vin et sur l'ivresse *en général*, Rabelais fait entrer dans le discours philosophique des vins *particuliers*, longuement énumérés et distingués par leur cépage, leur provenance, leurs propriétés (goût, saveur, liqueur selon les mots de la prêtresse Bacbuc). Beaucoup de textes de philosophie du vin parlent du « vin », peu parlent de vins spécifiques alors que Rabelais cite des noms encore familiers pour les amateurs : muscadet, beaune, arbois, anjou, graves, corse. **Montaigne** (1533-1592) est lui aussi un grand « particulariste » et un ami des énumérations. Son *Journal de voyage en Italie par la Suisse et l'Allemagne* prend soin de comparer les vins de régions traversées et les manières de le boire et de le servir. À Bâle, « Ils ne servent jamais d'eau à leur vin et ont quasi raison ; car leurs vins sont si petits que nos gentilshommes le trouvoint encore plus foibles que ceux de Guascongne fort baptisés, et si ne laissent pas d'estre bien delicats ». À Lindau, « à voir la profusion de leurs services et notamment du vin, là-mesmes où il est extremement cher et apporté de païs lointain, je treuve leur cherté excusable. Ils vont eux-mesmes conviant les serviteurs à boire et leur font tenir table deux ou trois heures. Leur vin se sert dans des vaisseaux come grandes cruches, et est un crime de voir un gobelet vuide qu'ils ne remplissent soudein, et jamais de l'eau, non pas à cus mesmes qui en demandent. » À Vicence, « les vins vieux failloient déjà lors, qui me metoit en peine à cause de sa colique, de boire ces vins troubles, autremant bons toutefois. Ceux d'Allemaigne se faisoient regretter, quoi qu'ils soient pour la plupart aromatisés, et ayent diverses santeurs qu'ils prennent à friandis, mesmes de la sauge. » À Ferrare, « les vins nouveaux troubles que nous beuvions, et l'eau, tout ainsi trouble qu'elle vient de la riviere, luy faisoient peur pour sa colicque. À toutes les portes des chambres de l'hostellerie, il y a escrit : *Ricordati della bolleta* » (« souvenez-vous du bulletin de santé » – on pense à l'inscription « à consommer avec modération » sur les étiquettes de bouteilles de vin). En Toscane, « on voyoit tous les jours ici porter de toutes parts différents échantillons de vins dans de petits flacons pour que les étrangers qui s'y trouvoient en envoyassent chercher ; mais il y en avait très peu de bons. Les vins blancs étoient légers, mais aigres et cruds ou plutôt grossiers, âpres et durs, si l'on n'avoit pas la précaution de faire venir de Lucques ou de Pescia, du Trévisan appelé *trebbiano*, vin blanc assez mûr et cependant peu délicat ». Malheureusement pour lui, Montaigne se laisse quand même tenter et, à Florence, « J'éprouvois des étourdissemens, et je ne sais quelle pesanteur sur les yeux, le front, les joues, les dents, le nez et tout le visage. Il me vient dans l'idée que ces douleurs étoient causées par les vins blancs doux et fumeux du pays, parce que la première fois que la migraine me reprit, tout échauffé que j'étois déjà, tant par le voyage que par la saison, j'avois bu grande quantité de trebbiano, mais si doux, qu'il n'étanchoit pas ma soif ».

La diversité du vin, chez Montaigne, ne se limite pas à l'expérience géographique des différents types de vin ; la diversité des *buveurs* est aussi discutée. Il y a une infinité de vins, tous différents, parfois même d'une bouteille à l'autre ; il y a aussi une infinité de manières de boire et d'apprécier le vin, selon la complexion de chacun. Se décrivant dans les *Essais* (III, 13 « De l'expérience »), Montaigne indique qu'il ne boit pas en dehors des repas : « Ordinairement je ne bois qu'à la suite du désir qui m'en vient en mangeant et quand le repas est bien avancé. Je bois assez bien pour un homme ordinaire. » Il boit sans excès (jamais plus de cinq fois par jour et jamais plus de 75 centilitres) mais a plaisir à se resservir, d'où une attention au contenant : « Les petits verres sont mes favoris, et il me plaît de les vider, ce que d'autres évitent comme une chose malséante. » Il coupe son vin d'eau : « Je coupe mon vin le plus souvent d'une moitié, parfois d'un tiers d'eau » mais en prenant soin de faire par avance (deux ou trois heures) le mélange pour qu'il soit plus harmonieux (c'est, de fait, un excellent conseil). Pourquoi mettre de l'eau dans le vin ? Parce que c'est l'habitude en France et que « l'usage public établit la règle en pareilles choses ». Cet usage trouve peut-être son origine dans la nécessité de se désaltérer mais Montaigne ne se préoccupe pas de sa raison d'être. Il l'approuve pour la seule raison qu'il est répandu et propre à une nation : « La manière de vivre la plus usitée et la plus commune est la plus belle : toute particularité me semble à éviter dans ce domaine et je détesterais autant un Allemand qui mettrait de l'eau dans le vin qu'un Français qui le boirait pur. » La singularité de chaque buveur ne signifie donc pas qu'il puisse s'exonérer totalement des coutumes de son pays, sauf à être un moins « beau » buveur.

Il n'en demeure pas moins, comme l'affirme l'incipit du chapitre « De l'ivrognerie » (*Essais* II, 2), que « le monde n'est que variété et dissemblance » et que la philosophie du vin doit savoir *particulariser* l'expérience de la boisson. Tout au long de l'essai II, 2, Montaigne nuance les préceptes moraux issus des écoles philosophiques consacrées (platonicienne, stoïcienne, épicurienne) pour montrer qu'il convient de tenir compte de ce que boire signifie pour chaque individu pris isolément. Certes, il condamne l'ivrognerie dès les premières pages de l'essai : « L'ivrognerie me semble, entre les autres, un vice grossier et bestial. L'esprit a plus de part ailleurs, et il y a des vices qui ont je ne sais quoi de noble, s'il faut le dire ainsi. Il y en a auxquels se mêlent la science, l'application, la vaillance, la prudence, l'adresse, la finesse ; celui-ci est entièrement corporel et terrestre. [...] Les autres vices altèrent l'intelligence : celui-ci la renverse et il foudroie le corps [...]. Le pire état de l'homme, c'est quand il perd la connaissance et le contrôle de lui-même. » Il mentionne le cas sinistre d'une femme se trouvant enceinte de manière mystérieuse et qui a en réalité été violée par son valet pendant qu'elle était, à cause du vin, « profondément endormie près de son foyer, et dans une posture si indécente qu'il s'était un peu servi d'elle sans l'éveiller ». Mais, après cette condamnation de principe, Montaigne atténue fortement la sentence et relativise la dangerosité de ce vice.

Première mise en perspective, il y a des vices plus graves socialement : « Je trouve bien que c'est un vice lâche et stupide, mais moins méchant et pernicieux que les autres qui heurtent presque tous directement la société publique. » L'ivrognerie est par ailleurs, pour Montaigne, un vice plutôt inoffensif sur le plan moral (il est vrai qu'entre quelqu'un qui aime un peu trop « lever le coude » et un *serial killer* anthropophage, il y a deux poids deux mesures) et, argument plus surprenant, c'est un vice assez ordinaire, commode à satisfaire et que sa simplicité honore : « Je trouve que ce vice-là coûte moins à notre conscience que les autres, outre le fait qu'il n'est pas de préparation difficile ni malaisé à trouver, considération qui n'est pas à dédaigner. » Bref, c'est un vice qui n'est pas trop vicieux et qui n'est ni luxueux ni raffiné ; il se moque d'ailleurs de la préciosité en matière de vin : « La délicatesse est à éviter en cette affaire ainsi que le soigneux choix du vin. Si vous faites consister votre plaisir à le boire agréable, vous vous condamnez à la douleur de le boire parfois désagréable. Il faut avoir le goût moins strict et plus libre. » Seconde mise en perspective : il n'est pas, lui, Montaigne, capable de boire avec excès mais il y a d'autres corps que le sien qui, eux, peuvent s'en trouver fort bien. Chaque corps doit trouver la quantité (et le type) de vin qui lui convient, sur une échelle qui va d'une eau très légèrement teintée de vin à une barrique personnelle pour chaque jour !

Il n'y a pas que les différences individuelles : nos corps changent avec le temps et avec les contextes et il faut à la fois choisir quand et quoi boire et savoir pourquoi l'on boit. Montaigne semble ainsi regretter des occasions manquées de beuveries qui sont autant d'instants soustraits à tort au plaisir : « Il faudrait, comme des garçons de boutique ou des travailleurs de force, ne refuser aucune occasion de boire et avoir toujours ce désir en tête. » On boit de moins en moins de vin, le temps passant (que dirait-il de la France de 2023 ?), constate-t-il avec une certaine mélancolie : « Il semble que tous les jours nous raccourcissions l'usage de ce plaisir et que dans nos maisons, comme je l'ai vu dans mon enfance, les déjeuners, les soupers et les collations fussent autrefois bien plus fréquents et habituels qu'à présent. » Pourquoi ? Sommes-nous devenus plus modérés, plus sages, moins enclins au plaisir ? Montaigne ne le croit pas. Pour lui, ce sont d'autres plaisirs qui ont eu raison de la consommation massive de vin : « C'est que nous sommes plus jetés dans la paillardise que nos pères. Ce sont deux occupations qui se gênent mutuellement dans leur vigueur. La paillardise a affaibli notre estomac d'une part, et, d'autre part, la sobriété sert à nous rendre plus galants, plus aptes aux dames pour l'exercice de l'amour. » Ivrogne ou paillard, il faut choisir ! L'âge venant, le choix s'impose par assoupissement d'un des termes de l'alternative : « Les inconvénients de la vieillesse, âge où l'on a besoin d'être soutenu et revigoré, pourraient engendrer raisonnablement en moi le désir de recourir à cette faculté de bien boire : car c'est presque le dernier plaisir que le cours des ans nous dérobe. » La « chaleur naturelle » part des pieds dans l'enfance, s'arrête longuement au bas-ventre à l'âge adulte et « vers la fin, à la façon d'une vapeur qui monte et s'exhale, elle arrive au gosier, où elle fait sa dernière pause ».

Néanmoins, pour Montaigne, comme on l'a vu et comme il le rappelle dans cet essai, impossible d'augmenter la dose de vin avec l'âge car il ne boit qu'en mangeant et qu'en plus son désir de boire est congruent à sa capacité d'absorption : « Je ne puis pourtant comprendre comment on peut en arriver à allonger le plaisir de boire au-delà de la soif et à se forger dans l'imagination un appétit artificiel et contre nature. Mon estomac n'irait pas jusque-là : il est assez occupé à venir à bout de ce qu'il absorbe pour son besoin. Ma constitution est ainsi faite que je ne me soucie du boire que pour donner une suite au manger, et pour cette raison, le dernier coup que je bois est presque toujours le plus grand. » On trouve donc chez Montaigne une philosophie du vin qui est avant tout une philosophie du corps, mais du corps propre, singulier, celui de chacun, qui se distingue de tous les autres, dans son goût comme dans ce dont il est capable ; corps aussi multiples et divers que les bouteilles, les terroirs et les cépages. Avec Montaigne, on apprend que toute philosophie du vin est irréductiblement particulière : ce qui vaut pour l'un ne vaut pas pour l'autre et il importe de savoir ce que l'on aime et ce dont on a besoin et capacité, à chaque instant de notre vie.

Quand on étudie l'histoire de la philosophie du vin, on ne rencontre pas seulement de grands textes rédigés par des auteurs de tout premier plan, comme Platon, Sénèque, Rabelais ou Montaigne. On tombe aussi parfois sur des curiosités qu'on doit à des philosophes remarquables, grands connaisseurs de vin, mais qui n'ont pas eu l'envie, le temps ou, tout simplement, les idées pour transformer en un propos pleinement conceptuel leur expérience.

Ainsi, **John Locke** (1632-1704) n'est pas seulement l'auteur des grands classiques que sont l'*Essai sur l'entendement humain* et les *Deux traités sur le gouvernement*. Il a aussi rédigé de surprenantes

Observations sur la croissance et la culture des vignes et des olives qui sont totalement dénuées de toute considération philosophique mais qui témoignent d'une connaissance de première main du vin français. On rencontre au détour du texte les vignobles du Languedoc (dont Frontignan), de « Galliac » (à « trente lieues de Montpellier », soit 145 kilomètres, il s'agit probablement de Gaillac), de l'abbaye de Marmoutier (vers Tours), de « Bourdeaux » (Bordeaux) et de « Tholoun » (Toulon). Locke décrit l'activité viticole avec une grande précision, mentionne les dates de taille, les conditions d'élevage, s'intéresse à l'écosystème. Il énumère les quarante et un cépages qu'on trouve vers Montpellier (certains faisant l'objet d'une description plus détaillée). Comme pour Bordeaux et Toulon, l'orthographe est parfois déroutante, l'aspiran devenant *espiran*, le terret *tarret* et la clairette *clarette*, entre autres : « espiran, espiran verdau, tarret, barbarous, grumeau nègre, grumeau blanc, grumeau blanc muscat, raisin de st. Jean, marroquin, marroquin gris, marroquin bleu, clarette, clarette rouge, ovilla de nègre, ovilla de blanc, covilla de Gal, ramounen, unio negro, unio blanquo, corinth, effouimu, iragnou, piquepoul, farret, piquardan, musquat nègre, musquat blanc, musquat d'Espagne, palofedo, servan, damas violet, raison de la fon, sadoulo boyyier, sergousan, l'ambrusque, rovergas, coltort, masquadassas, crispata. » On le voit : autant un historien des techniques agricoles peut faire son miel de l'opuscule de Locke, autant le philosophe doit rester à quai.

Montesquieu (1689-1755) déçoit tout autant le philosophe du vin et pourtant il était non seulement connaisseur, comme Locke, mais aussi producteur de vin dans son château girondin de La Brède. La lecture de sa *Correspondance* le montre amateur de vin de Hongrie, qu'il écrit *vin dhonguerieh* (le tokaj – que sa correspondante Mme de Tencin écrit *Tocaie* – était une des boissons les plus réputées au XVIIIe siècle), attentif à ses débouchés commerciaux (une lettre du 2 juin 1736 se réjouit des « vignes grillées » en région parisienne, qui oblige à trouver du vin dans le sud de la France) et occupé à faire parvenir son vin à des personnes choisies (il est un peu vexé, le 4 janvier 1744, que Mme Dupin ne semble lui écrire que pour lui passer commande : « Je suis fâché, Madame, de ne devoir qu'à mon vin la jolie lettre, et de ne devoir vous répondre autre chose si ce n'est que vos ordres seront exécutés » – le colis sera bien expédié !). La lettre 33 des *Lettres persanes* évoque bien l'interdit du vin dans l'islam et *L'Esprit des lois* explique cette interdiction par des motifs climatiques (l'alcool fait plus vite tourner la tête dans les pays chauds) mais cela ne suffit pas à constituer l'ébauche d'une philosophie du vin. Le texte le plus conséquent consacré par Montesquieu au vin est son *Mémoire contre l'arrêt du Conseil du 27 février 1725 portant défenses de faire des plantations nouvelles de vignes dans la généralité de Guyenne*. Mais, ici aussi, les historiens de l'agriculture, des questions économiques ou juridiques, trouveront plus grand bénéfice que les philosophes à étudier ce texte qui, dans un plaidoyer *pro domo*, justifie la nécessité d'étendre les propriétés viticoles bordelaises afin de répondre à un nouveau contexte économique. La terre s'y prête, la balance commerciale y gagne (« les étrangers donnent aux vins de France la préférence sur ceux des autres pays »), la demande des consommateurs augmente et la culture de la vigne ne se fera pas aux dépens d'autres productions, elles aussi nécessaires. Tout cela est passionnant mais n'est en rien philosophique.

Chapitre sept et demi

Le vin des philosophes
ou
Y a-t-il une histoire de la philosophie du vin ?

De Rousseau à Rosset

Là où il y a du vin, ils boivent du vin
Où il n'y a pas de vin, ils boivent de l'eau fraîche
Ce sont de bonnes gens

Colette Magny,
« J'ai suivi beaucoup de chemins »

Qui se contenterait de lire le **Rousseau** (1712-1778) pur philosophe, celui du *Contrat social* ou du *Second discours*, pourrait se demander ce que peut bien être sa contribution à une philosophie du vin. L'*Émile* (livre II), par exemple, paraît louer le lait et l'eau et se méfier du vin, suspect d'excès de culture et de raffinement exagéré : « Les goûts les plus naturels doivent être aussi les plus simples : car ce sont ceux qui se transforment le plus aisément ; au lieu qu'en s'aiguisant, en s'irritant par nos fantaisies, ils prennent une forme qui ne change plus. » Il convient donc de développer chez le jeune enfant le goût des aliments premiers, non transformés, afin qu'il reste plus proche de l'authenticité originelle. Parce que la nature est vue positivement par Rousseau mais pas seulement. Le goût des choses simples rend souple, tolérant, capable d'apprécier ce que tout le monde aime, loin des spécifications culturelles qui rendent les gens « difficiles » : « Notre premier aliment est le lait : nous ne nous accoutumons que par degrés aux saveurs fortes ; d'abord elles nous répugnent. Des fruits, des légumes, des herbes, et enfin quelques viandes grillées, sans assaisonnement et sans sel, firent les festins des premiers hommes. » Le vin est une boisson difficile à apprivoiser et qui n'est buvable qu'au prix d'une acclimatation précoce, qui n'est pas nécessairement souhaitable : « La première fois qu'un sauvage boit du vin, il fait la grimace et le rejette ; et même parmi nous quiconque a vécu jusqu'à vingt ans sans goûter de liqueurs fermentées ne peut plus s'y accoutumer ; nous serions tous abstèmes si l'on ne nous eut donné du vin dans nos jeunes ans. Enfin, plus nos goûts sont simples, plus ils sont universels : les répugnances les plus communes tombent sur des mets composés. Vit-on jamais personne avoir en dégoût l'eau ni le pain ? » Il en découle une pédagogie explicite : « Voilà la trace de la nature, voilà donc aussi notre règle. Conservons à l'enfant son goût primitif le plus qu'il est possible ; que sa nourriture soit commune et simple, que son palais ne se familiarise qu'à des saveurs peu relevées, et ne forme point un goût exclusif. Je n'examine pas ici si cette manière de vivre est plus saine ou non, ce n'est pas ainsi que je l'envisage. Il me suffit de savoir, pour la préférer, que c'est la plus conforme à la nature, et celle qui peut le plus aisément se plier à tout autre. » Ce faisant, Rousseau rompt avec le mythe de l'excellence de la cuisine française et en moque la fâcheuse complication qui handicape ceux qui en sont les prosélytes : « Ne faisons pas qu'il meure de faim dans d'autres pays, s'il ne traîne partout à sa suite un cuisinier français, ni qu'il dise un jour qu'on ne sait manger qu'en France. Voilà, par parenthèse, un plaisant éloge ! Pour moi, je dirais au contraire qu'il n'y a que les Français qui ne savent pas manger, puisqu'il faut un art si particulier pour leur rendre les mets mangeables. »

On aurait tort néanmoins de se contenter de *ce* Rousseau pour la philosophie du vin. Dans son grand roman épistolaire, dont il ne faut pas sous-estimer la dimension proprement philosophique, *Julie ou la Nouvelle Héloïse*, le vin occupe une place essentielle et rompt avec l'idée d'un Rousseau buveur d'eau fraîche et de lait cru. Dans la première partie du roman, Julie reproche à son amant un langage fleuri et obscène, tenu sous l'emprise de l'alcool : « Vous sortiez, il est vrai, d'un long repas, et je vois qu'il faut pardonner en ce pays aux excès qu'on y peut faire : c'est aussi pour cela que je vous en parle. Soyez certain qu'un tête-à-tête où vous m'auriez traitée ainsi de sang-froid eût été le dernier de notre vie. Mais ce qui m'alarme sur votre compte, c'est que souvent la conduite d'un homme échauffé de vin n'est que l'effet de ce qui se passe au fond de son cœur dans les autres temps. Croirai-je que dans un état où l'on ne déguise rien vous vous montrâtes tel que vous êtes » (lettre 50). En réponse, celui-ci prend l'engagement de renoncer définitivement au vin pour que cela ne se reproduise jamais : « J'en fais par toi l'irrévocable serment, dès aujourd'hui je renonce pour ma vie au vin comme au plus mortel poison ; jamais cette liqueur funeste ne troublera mes sens ; jamais elle ne souillera mes lèvres, et son délire insensé ne me rendra plus coupable à mon insu » (lettre 51). À ce stade, on pourrait penser que le pédagogue Rousseau amateur de lait et d'eau ne fait qu'un avec le Jean-Jacques romancier qui dénonce ici les méfaits de l'ivresse. La réponse de Julie à son amant dément l'hypothèse et ouvre la voie à une véritable œnophilie* rousseauiste.

Julie fait d'abord preuve d'ironie : « Comment, mon ami, renoncer au vin pour sa maîtresse ? Voilà ce qu'on appelle un sacrifice ! Oh je défie qu'on trouve dans les quatre cantons un homme plus amoureux que toi ! Ce n'est pas qu'il n'y ait parmi nos jeunes gens de petits messieurs francisés qui boivent de l'eau par air, mais tu seras le premier à qui l'amour en aura fait boire ; c'est un exemple à citer dans les fastes galants de la Suisse. »

On remarque que les Français raffinés et buveurs de grands vins de l'*Émile* sont devenus des buveurs d'eau, contrairement aux Suisses ; mais c'est toujours « par air », autrement dit par snobisme. Julie critique ensuite la pertinence de ce sacrifice : « À l'égard de ta résolution de renoncer au vin pour toujours, elle n'a pas autant d'éclat à mes yeux que tu pourrais croire ; les passions vives ne songent guère à ces petits sacrifices, et l'amour ne se repaît point de galanterie. D'ailleurs, il y a quelquefois plus d'adresse que de courage à tirer avantage pour le moment présent d'un avenir incertain, et à se payer d'avance d'une abstinence éternelle à laquelle on renonce quand on veut. » Au fond, Julie accuse Saint-Preux de se « payer de mots », d'adopter une posture qui, dans son excès, n'est ni crédible ni sérieuse. Il n'est pas *sage* de prétendre renoncer au vin pour toujours et Julie refuse d'y voir une preuve d'amour – accepter ce renoncement reviendrait plutôt à prendre le risque de voir son amant s'en dédire ultérieurement. Elle attend de lui plus de raison et de constance ; il doit en faire preuve par une consommation modérée qui démontrera qu'en matière de plaisir, ce n'est pas noir ou blanc, tout ou rien et l'on peut supposer que Julie parle du vin tout en pensant au plaisir amoureux : « Dans tout ce qui flatte les sens l'abus est-il donc inséparable de la jouissance ? L'ivresse est-elle nécessairement attachée au goût du vin, et la philosophie serait-elle assez vaine ou assez cruelle pour n'offrir d'autre moyen d'user modérément des choses qui plaisent, que de s'en priver tout à fait ? » Rousseau rejoint ainsi la cohorte des philosophes qui n'assimilent pas vin et ivresse et font l'éloge du premier en se défiant de la seconde. Sans compter qu'arrêter de boire du jour au lendemain est dangereux, selon Julie : « Si tu tiens ton engagement, tu t'ôtes un plaisir innocent, et risques ta santé en changeant de manière de vivre. » Julie ordonne donc à son amant, en usant de ses « droits », de renoncer à ce « vœu nul, comme fait sans son congé » et l'engage à boire désormais suivant un rituel précis : « Mon pénitent reprendra dans ses repas l'usage sobre du vin tempéré par le cristal des fontaines, et comme dit ton bon Plutarque, en calmant les ardeurs de Bacchus par le commerce des nymphes. »

Le thème du vin dans *La Nouvelle Héloïse* rencontre son climax avec la somptueuse lettre 7 de la cinquième partie. Saint-Preux y raconte de manière détaillée les vendanges dans le vignoble vaudois et Rousseau laisse libre cours à un lyrisme pastoral : « Toutes les vignes chargées de ce fruit bienfaisant que le Ciel offre aux infortunés pour leur faire oublier leur misère ; le bruit des tonneaux, des cuves, des légrefass [grand tonneau] qu'on relie de toutes parts ; le chant des vendangeuses dont ces coteaux retentissent ; la marche continuelle de ceux qui portent la vendange au pressoir ; le rauque son des instruments rustiques qui les anime au travail ; l'aimable et touchant tableau d'une allégresse générale qui semble en ce moment étendu sur la face de la terre ; enfin le voile de brouillard que le soleil élève au matin comme une toile de théâtre pour découvrir à l'œil un si charmant spectacle ; tout conspire à lui donner un air de fête, et cette fête n'en devient que plus belle à la réflexion, quand on songe qu'elle est la seule où les hommes aient su joindre l'agréable à l'utile. » On se croirait chez Rabelais, l'humour et l'ésotérisme en moins, tant la production de vin semble rassembler la totalité du genre humain et donner lieu à une symphonie universelle. L'ouïe, la vue, le toucher sont sollicités pour donner naissance à ce qui saura combler le goût et l'odorat : le meilleur raisin qui produira le meilleur vin. Un vin blanc, récolté après les premières gelées, comme l'indique Rousseau dans une note et dont on doit pouvoir retrouver le goût en buvant une cuvée Grain noble de Marie-Thérèse Chappaz, vigneronne à Fully dans le Valais.

La lettre constitue un témoignage précieux sur la viticulture et la vinification au XVIIIe siècle. Ce sont trois femmes qui gèrent l'ensemble des vendanges, M. de Wolmar s'étant occupé en amont du vignoble et ayant préparé « les cuves, le pressoir, le cellier, les futailles » : Mme de Wolmar gère l'équipe des vendangeurs, Mme d'Orbe les repas et les salaires et Julie, enfin, tient lieu d'œnologue mais, comme elle ne « supporte pas la vapeur des cuves », c'est à Saint-Preux qu'il revient de vérifier que ses ordres sont bien respectés, « cet emploi étant tout à fait du ressort d'un buveur ». Les consignes données par Julie sont très précises et permettent, à partir du même vignoble, de produire des vins extrêmement variés (là aussi, on se croit revenu chez Rabelais, dans le vignoble infini qui entoure le temple de la Dive Bouteille) : « Outre les vins destinés pour la vente et pour les provisions ordinaires, lesquels n'ont d'autre façon que d'être recueillis avec soin, la bienfaisante fée en prépare d'autres plus fins pour nos buveurs, et j'aide aux opérations magiques dont je vous ai parlé, pour tirer d'un même vignoble des vins de tous les pays. » Fée, magie, le champ sémantique insiste sur la part de mystère propre à la transformation du raisin en vin et au processus fermentaire. Mais le reste du texte relativise le mystère et substitue la prestidigitation à la magie puisque c'est un savoir technique, rationnel, qu'elle met en œuvre et, comme le disent tous les vignerons sérieux, c'est dès la vigne que la grandeur de la bouteille se joue : « Pour l'un elle fait tordre la grappe quand elle meurt et la laisse flétrir au soleil sur la souche [passerillage, utilisé par exemple pour le jurançon] ; pour l'autre, elle fait égrapper le raisin et trier les grains avant de les jeter dans la cuve ; pour un autre elle fait cueillir avant le lever du soleil du raisin rouge, et le porter doucement sur le pressoir couvert encore de sa fleur et de sa rosée, pour en exprimer du vin blanc [ce qu'on appelle un blanc de noirs en Champagne ou, si le moût est un peu taché, un rosé de pressurage, comme on le fait volontiers en Provence] ; elle prépare un vin de liqueur en mêlant dans les tonneaux du moût réduit en sirop sur le feu [technique du *vin cuit*], un vin sec en l'empêchant de cuver, un vin d'absinthe pour l'estomac, un vin muscat avec des simples. » La diversité, issue de la maîtrise de plusieurs techniques de vinification, rappelle qu'il y a des vins et pas du vin ! La philosophie du vin de Rousseau, comme celle de Rabelais, est une philosophie *des* vins, celui-ci se conjuguant toujours au pluriel : « Tous ces vins différents ont leur apprêt particulier ; toutes ces préparations sont saines et naturelles [Rousseau est le lointain père spirituel de tous les producteurs en bio, en biodynamie ou de vin « nature* »] : c'est ainsi qu'une économe industrie supplée à la diversité des terrains, et rassemble vingt climats en un seul [Rousseau est aussi le lointain père spirituel des locavores : inutile de faire venir du monde entier des vins singuliers, on peut produire les mêmes sur quelques ares du pays vaudois]. »

Le temps des vendanges voit s'épanouir la virtuosité œnologique de Julie ; il permet aussi à Rousseau de décrire en détail la longue et saine *fête* que constitue ce moment, réactivant les plus riches heures de l'histoire de l'humanité, quand celle-ci n'était pas totalement sortie de l'état de nature et échappait encore au règne du luxe et de l'inégalité entre les hommes. Les vendanges font renaître provisoirement une société sans hiérarchie, sans ostentation et consacrent une belle simplicité dans les relations, où on se satisfait de peu et où tout le monde reçoit la même chose et l'accueille en bonne part. « Pour prévenir l'envie et les regrets on tâche de ne rien étaler aux yeux de ces bonnes gens qu'ils ne puissent retrouver chez eux, de ne leur montrer d'autre opulence que le choix du bon dans les choses communes et un peu plus de largesse dans la distribution. Le souper est servi sur deux longues tables. Le luxe et l'appareil des festins n'y sont pas, mais l'abondance et la joie y sont. Tout le monde se met à table, maîtres, journaliers, domestiques ; chacun se lève indifféremment pour servir, sans exclusion, sans préférence, et le service se fait toujours avec grâce et avec plaisir. On boit à discrétion, la liberté n'a point d'autres bornes que l'honnêteté. » Ce temps est fugace et précaire mais il est suffisamment signifiant pour que Rousseau l'érige en modèle : si l'on ne produisait pas de vin, s'il ne fallait pas récolter le raisin aux premiers jours froids de l'automne valaisan, ces instants de grâce n'existeraient peut-être pas. Cela justifierait bien qu'on fît découvrir le vin au jeune Émile et qu'il ne se contente pas d'eau et de lait toute sa vie !

Ceux qui n'ont pas lu le grand roman de Rousseau sauteront ce paragraphe car il en dévoile la fin. Julie meurt, et sa lente agonie dure tout un chapitre (la lettre 11 et dernière de la sixième partie). Mais elle ne meurt pas sans vin et demande qu'on ouvre du « vin d'Espagne », c'est-à-dire du vin de chez elle ayant le goût du vin espagnol : « Le vin tardait à venir. On eut beau chercher la clef de la cave, on ne la trouva point, et l'on jugea, comme il était vrai, que le valet de chambre du baron, qui en était chargé, l'avait emporté par mégarde. […] Je fis enfoncer la porte de la cave, et j'ordonnai que désormais tout le monde eût du vin à discrétion. La bouteille arrivée, on en but. Le vin fut trouvé excellent. La malade en eut envie. Elle en demanda une cuillerée avec de l'eau : le médecin le lui donna dans un verre et voulut qu'elle le bût pur. […] Le jeûne, la faiblesse, le régime ordinaire à Julie donnèrent au vin une grande activité. "Ah ! dit-elle, vous m'avez enivrée !" Après avoir attendu si tard ce n'était pas la peine de commencer, car c'est un objet bien odieux qu'une femme ivre. » L'écho est troublant : de l'ivresse des amours naissantes de l'amant dans la première partie à l'ivresse morbide de l'amante mourante dans la dernière, la parenthèse d'une longue vie amoureuse se referme. Il est temps pour Rousseau de conclure sa philosophie du vin en mettant dans la bouche de Julie ces mots troublants : « On m'a fait boire jusqu'à la lie la coupe amère et douce de la sensibilité. » On parlerait aujourd'hui d'hypersensibilité pour décrire cette connexion très vive au réel, d'un romantisme excessif et qui appelle les larmes. Julie « boit » le monde dans sa totalité (jusqu'à la lie) et, comme experte en vin, elle sait le décrire dans sa vérité ultime, elle en dit le goût, qui tient en une formule : doux-amer. Comme une bouteille de petite-arvine Les Seyes du Valais.

Kant (1724-1804) aurait été surpris de se voir désigner comme un « philosophe du vin » alors qu'il le donne en exemple de ce qui n'est qu'*agréable* et ne saurait être beau. Apprécier une bouteille est, dans la *Critique de la faculté de juger*, l'exemple même de ce qui est subjectif et ne saurait être universalisable : « À chacun son goût », voilà ce qu'on peut en dire. Et c'est tout. Si le vin ne saurait faire l'objet d'une analyse esthétique détaillée, il n'en est pas de même pour l'ivresse qui, elle, intéresse beaucoup Kant. Moralement, l'ivrognerie est, au même titre que la gloutonnerie, très fermement condamnée par le philosophe prussien. Dans la *Doctrine de la vertu*, au titre des « devoirs parfaits envers soi-même » et, plus spécifiquement, « du devoir de l'homme envers lui-même en tant qu'être animal », il examine le suicide, « la souillure de soi-même par la volupté » et, enfin, « l'abrutissement de soi-même par l'usage immodéré des plaisirs ou même de la nourriture ». C'est évidemment dans cette dernière rubrique qu'on rencontre l'ivrognerie : « En état d'ivresse, l'homme est à traiter seulement comme un animal, non comme un homme ; en se mettant dans un tel état et en se gorgeant de nourriture, il est paralysé pour un certain temps à l'égard d'actions qui exigent de l'adresse et de la réflexion dans l'usage de ses forces. » Il y a quelque chose de surprenant à voir les animaux utilisés comme point de comparaison dans ce contexte. On les surprend rarement en état d'ivresse (on rêverait de voir, dans le parc aux singes de Jigokudani, les macaques japonais ouvrir entre eux quelques bouteilles de bière en profitant de la source chaude [*onsen*]). Et l'absence d'adresse dans l'usage de la force s'observe plus volontiers chez l'être humain (sobre ou aviné) que chez l'animal. Pour dire que l'ivrogne n'est pas très avisé, est souvent violent et a des idées confuses, pas besoin de parler du monde animal. D'ailleurs Kant finit par écrire que l'homme ivre (contrairement à Sénèque, il ne distingue pas ivresse et ivrognerie) est « au-dessous même de la nature animale ».

Il prend le temps de décrire cet « avilissement » qui est « l'effet de boissons fermentées, mais aussi d'autres moyens de s'abrutir, tel l'opium et autres produits du règne végétal ». Cet « avilissement est séduisant parce qu'il apporte pour un instant un bonheur rêvé, une libération des soucis et même aussi des forces imaginaires » : l'idée de « bonheur rêvé » est remarquable car elle dissocie l'*expérience* du bonheur de sa réalité. Si l'on peut se rêver heureux, quelques instants, cela veut dire qu'il n'y a pas que le *plaisir* que contient le bonheur qui est susceptible d'être éprouvé. Mais ce n'est pas le même type d'impression, puisqu'un plaisir ne peut pas être « rêvé » : il peut survenir à l'occasion ou dans le cadre d'un rêve, mais il est *véritablement* un plaisir. Rêver qu'on jouit, c'est jouir ; de même que rêver qu'on souffre, c'est souffrir. En revanche, le bonheur comme le malheur peuvent être *rêvés* dans la mesure où leur expérience ne les rend pas moins *faux*, illusoires. Quand je bois trop, je me crois heureux ou, bien souvent plutôt, je cesse de me sentir malheureux : le bonheur rêvé tient essentiellement à la satisfaction de l'oubli. Pourquoi, alors, ne pas louer l'ivresse ? Si, par un faux bonheur, elle détourne d'un vrai malheur, la balance n'est-elle pas équilibrée ? Non. Pour Kant, cet « avilissement » est « nuisible en ce qu'il entraîne par la suite abattement, faiblesse et, ce qui est le pire, la nécessité de revenir à ce moyen d'abrutissement et même d'en augmenter la dose ». Kant a raison de souligner la spirale bien connue dans laquelle l'ivrogne s'enferme, devenant alcoolique, c'est-à-dire dépendant d'une dose de plus en plus forte d'alcool pour pouvoir vivre. L'abattement, la faiblesse sont aussi au nombre des symptômes solidement documentés. Il est surprenant en revanche, mais cela s'explique par le propos strictement *éthique* du livre, de ne pas rappeler que le problème principal de l'augmentation de la dose est qu'elle devient au bout du compte *létale*. Il n'est pas satisfaisant moralement d'être abattu et faible, il l'est encore moins d'être malade et *a fortiori* mort. Certes, Kant mentionne un peu plus loin « les dommages physiques de ces excès » mais il précise que « le médecin peut peut-être [les] réparer ». Pas toujours, pourtant.

Kant pose une « question casuistique » à l'issue de cette condamnation qui semble sans appel : « Peut-on, sinon comme panégyriste du moins comme apologiste, permettre un usage du vin qui confine à l'ivresse pour cette raison qu'il anime en société la conversation et porte ainsi les cœurs à s'ouvrir ? » Kant est sceptique : « Qui peut fixer une *mesure* pour quelqu'un qui est justement sur le point de tomber dans l'état où il n'aura plus l'œil assez clair pour *mesurer* ? » Il veut bien accorder néanmoins que la consommation du vin pour s'abrutir est plus satisfaisante que celle de l'eau-de-vie ou de l'opium. Ceux-ci rendent l'homme « muet, réticent, peu communicatif ». Dès lors, « le mahométisme qui interdit absolument le vin a donc fait un très mauvais choix en permettant l'opium ». Peut-on quand même sauver les banquets, dont la tradition philosophique est ancienne, on l'a vu avec Platon au chapitre précédent ? Le banquet a, selon Kant, une « *fin* morale » : « réunir longuement beaucoup d'hommes en vue d'une communication réciproque ». En effet, le banquet est une forme de colloque, presque une réunion scientifique, un genre de *brainstorming*. L'humanité y gagne. Mais, encore une fois, Kant est dubitatif : il y a trop de monde dans les banquets pour qu'on puisse vraiment échanger, il ne permet qu'une « maigre communication (avec ses plus proches voisins) » et on boit plus qu'on ne parle. Le « dispositif va contre la fin » et « le grand nombre demeure un encouragement à l'immoralité, c'est-à-dire à l'intempérance et à la transgression du devoir envers soi-même ». On le savait : Kant n'est pas l'archétype du bon vivant et il se défie de tout ce qui a l'apparence d'une incitation à la débauche (pas seulement bacchique).

Kant revient sur la question de l'ivresse dans son *Anthropologie d'un point de vue pragmatique.* Il commence, au paragraphe 26, par en donner une brève définition : « L'*ivresse* est l'état contre nature fait de l'incapacité à ordonner ses représentations sensibles selon les lois de l'expérience, dans la mesure où cet état résulte de la consommation démesurée d'un breuvage. » Le paragraphe 29 propose ensuite une analyse détaillée de cet état et des nourritures et boissons qui le déclenchent. Kant oppose les substances enivrantes qui « *affaiblissent* la force vitale (certains champignons, le porsch, l'acanthe, la chica des Péruviens et l'ava des Indiens des mers du Sud, l'opium) » et celles qui « l'*accroissent* ou du moins en exaltent le sentiment (comme des boissons fermentées, vin ou bière, ou l'esprit qui en est extrait, l'eau-de-vie) ». Toutes ces substances sont « des moyens » qui « doivent aider l'homme à oublier le fardeau qui semble résider originairement dans la vie même ». Cette phrase à la saveur presque bouddhiste surprend sous la plume de Kant mais il ne faut pas oublier que l'*Anthropologie* s'attache à décrire l'homme tel qu'il est, non tel qu'il devrait être. Kant décrit l'humanité et constate que, dans une solide proportion, elle vit sa vie dans une certaine lassitude, une pesanteur d'être qui donne envie de s'échapper temporairement. L'ivresse du vin paraît de meilleure qualité que les autres : celle de l'opium et de l'eau-de-vie est « *taciturne* », celle de la bière porte « à s'enfermer dans le rêve » et est fruste. Les ivresses du vin sont « gaies, bruyantes et d'une spirituelle prolixité ». Elles n'en demeurent pas moins condamnables si le « boire convivial » atteint « l'intempérance jusqu'au brouillard des sens ». Il retrouve les accents de la *Doctrine de la vertu* quand il insiste sur la puissance d'illusion de la beuverie : « L'homme ivre ne sent pas dès lors les obstacles de la vie que la nature doit vaincre sans relâche (ce qui fait le fond de la santé), et il est heureux dans sa faiblesse, tandis qu'en lui la nature s'applique par un accroissement progressif de ses forces, à rétablir par degrés sa constitution vitale. » L'homme ivre se croit fort mais il est affaibli, même si c'est d'une faiblesse joyeuse.

Il convient parfois de dissimuler cette joie et de boire en cachette car la réprobation sociale face à l'ivresse est à géométrie variable : « Les femmes, les gens d'Église et les juifs s'abstiennent à l'ordinaire de s'enivrer, ou du moins ils en évitent avec soin toute apparence, parce qu'ils sont en état d'infériorité civile et que la retenue leur est nécessaire (ce qui exige une totale sobriété). C'est que leur valeur au-dehors ne repose que sur la *croyance* des autres en leur chasteté, en leur piété, en leur appartenance à une légalité de genre séparatiste. » Il leur faut à tout prix échapper au « *scandale* ». Les citoyens ordinaires, moins sujets au jugement des autres, pourraient avoir avantage, eux, à boire car « la boisson délie la langue (*In vino disertus*) », « elle ouvre aussi le cœur, et elle est véhicule matériel d'une qualité morale, la franchise ». Kant va-t-il enfin trouver une vertu consistante au vin et à l'ivresse ? « Retenir ses pensées est pour un cœur pur un état oppressant, et les joyeux buveurs, pour leur part, supportent mal qu'un homme, dans une beuverie, se montre très tempérant : il prend à leurs yeux l'allure d'un observateur attentif aux fautes des autres, mais plein de retenue quant aux siennes. » L'éloge est de courte durée et, loin de vanter, pour les âmes oppressées, les vertus libératrices d'une assemblée réunie autour de beaux flacons à vider, Kant achève le paragraphe 29 sur un étrange développement psychophysiologique concluant à l'illusion de cette libération. La boisson ne permet pas au vrai tempérament de s'exprimer, au timide de se révéler, au frustré de s'épanouir : « Un fluide nouveau se mêle à ses humeurs circulant dans les veines, une autre excitation opère sur les nerfs, qui ne découvre pas sous un aspect plus distinct la disposition *naturelle* de son tempérament, mais en *introduit* une nouvelle. » L'alcool démultiplie et crée des doubles plutôt qu'il ne désinhibe, selon Kant. « Aussi tel homme, en s'enivrant, deviendra-t-il amoureux, tel autre grandiloquent, un troisième querelleur, le quatrième (surtout par l'usage de la bière [!]) se montrera tendre ou recueilli ou même muet ; mais tous, l'ivresse une fois dissipée par le sommeil, et si on leur rappelle leurs discours de la veille, riront d'eux-mêmes de la disposition ou de l'indisposition cocasse de leurs sens. » Pour détourner la formule de Rimbaud, pour Kant, dans l'ivresse, je est un autre.

Le premier livre des *Stades sur le chemin de la vie* de **Kierkegaard** (1813-1855), intitulé *In vino veritas*, déçoit l'amateur de vin, à l'image du *Banquet* de Platon dont il s'inspire. Il y est essentiellement question d'amour, de désir, de mariage, de mémoire et de tourments métaphysiques et religieux (le Danois Kierkegaard est à la philosophie ce que le Suédois Bergman est au cinéma, aussi brillant que monomaniaque – on se gardera bien d'y voir un trait nordique, comme les travaux plus austères du philosophe finlandais Jaakko Hintikka l'attestent). Le vin est tout de même assez présent au début et à la fin du livre, en particulier comme ressource métaphorique et point de comparaison : « Il ne suffit pas que le ressouvenir soit fidèle ; il faut encore qu'il soit produit dans d'heureuses conditions. Comme le vin, il doit receler le parfum du vécu avant d'être scellé. On ne pressure pas le raisin en tout temps, car la température joue un grand rôle dans cette opération ; de même, le vécu ne se prête pas en tout temps au travail du ressouvenir, ni en toute circonstance. » Plus loin, l'ivresse du vin est décrite comme inférieure à « l'ivresse du silence » : « La liqueur capiteuse offerte dans la coupe n'est qu'une pauvre goutte auprès de l'océan de silence infini où je me désaltère ! Quelle misère aussi que cette effervescence de tous les vins du monde, auprès de ce ferment sans cesse plus puissant que contient le silence ! » Il est encore question de mémoire quand Kierkegaard évoque les vins fortifiés qu'on transportait en bateau pour modifier leur goût (on en retrouve le goût en buvant un jerez East India Solera de la maison Lustau) : « Le vin généreux s'améliore en passant la ligne, par l'évaporation des particules aqueuses ; de même, le ressouvenir se purifie en perdant celles de la mémoire, sans pour cela devenir une fumée, pas plus que le vin généreux. » À la fin du livre, on retrouve encore un usage métaphorique du vin quand la rupture est symbolisée par le bris d'un verre qu'on jette : « Ainsi fut-il satisfait au plaisir de briser, plaisir impérial qui, plus bref que tout autre, est cependant plus libérateur que nul autre. La jouissance doit commencer par une libation ; mais la libation où l'on jette le verre pour le mettre en pièces et l'oublier, où l'on se détache soi-même avec passion, comme un danger de mort, de tout souvenir, cette libation va aux dieux souterrains. »

Au-delà de ces comparaisons et de ces métaphores, qui concernent moins le vin que ce à quoi il est assimilé, Kierkegaard articule un début de véritable philosophie du vin dans un passage central du livre. Tout d'abord, le titre en est expliqué : Constantin Constantius « avait choisi comme devise de la réunion ce mot : *In vino veritas*, car il y fallait parler et non seulement converser ; mais l'on n'y devait point parler, sinon *in vino*, et nulle vérité n'y devait être entendue, sinon telle qu'elle est *in vino*, puisque le vin est un garant de la vérité, et la vérité une apologie du vin ». Kierkegaard ne se contente pas de broder sur l'adage (et le lieu commun) du vin briseur de mensonges car, sous l'emprise de l'alcool, on se maîtrise moins et on dit ce qu'on pense. Il va plus loin et, sans être aussi radical que Rabelais, accorde au vin un lien privilégié avec la vérité. Celui-ci permet qu'on *parle* – autrement dit qu'on exprime des idées, des sensations, des opinions personnelles et profondes – et qu'on ne se contente pas de *converser* – autrement dit badiner, rester en surface, échanger des potins, chercher à briller. Le lien du vin à la vérité conduit à la franchise en tant qu'elle s'oppose non pas seulement au mensonge mais aussi à la superficialité et à la mondanité. On remarquera aussi que le vin est dit être « un garant de la vérité » : à la manière du thiopental sodique (Pentothal© ou sérum de vérité) ou de la prestation de serment, la vérité *in vino* est une assertion *garantie*, c'est-à-dire lestée d'une autorité particulière et, à ce titre, plus crédible qu'une assertion ordinaire, même vraie et sincère. Plus étonnant encore : la vérité est une « apologie du vin ». Le terme d'*apologie* n'est pas neutre pour Kierkegaard qui a reçu une solide formation théologique et qui était destiné à être pasteur : on est obligé d'y voir une référence à l'apologétique chrétienne, c'est-à-dire au secteur de la théologie qui s'attache à démontrer rationnellement la vérité du message chrétien. Faire du vin l'objet d'une apologie signifie mettre en avant les arguments rationnels au service de la cause du vin. Pourquoi défendre le vin ? Comment démontrer l'importance et la nécessité du vin ? En affirmant que la *vérité* elle-même est apologétique pour le vin, Kierkegaard considère que, sans lui, il n'y aurait pas de vérité ou une vérité de moindre qualité. Parce que, comme on l'a vu, pour lui, seul le vin est susceptible d'offrir la garantie de la vérité de ce qui se présente et se conçoit comme étant vrai. Il y a de « fausses » vérités, celles qui se formulent sans vin et des « vérités vraies », celles qui bénéficient du vin, celles que le vin rend possibles.

Bachelard (1884-1962) devait consacrer un livre entier au vin, comme il l'annonce dans la « Préface pour deux livres » qui ouvre *La Terre et les rêveries de la volonté* : « La rêverie des essences pourrait naturellement fournir le thème de nombreuses monographies. En présentant l'ébauche d'une telle monographie, nous avons voulu prouver que l'imagination n'est pas nécessairement une activité vagabonde, mais qu'elle trouvait au contraire sa force quand elle se concentrait sur une image privilégiée. » Malheureusement, le livre n'a jamais vu le jour et il faut se contenter de son « ébauche », à savoir le dernier chapitre de *La Terre et les rêveries du repos* : « Le vin et la vigne des alchimistes ». Il y a deux Bachelard : le philosophe des sciences, théoricien subtil de la rationalité et inventeur de la notion d'obstacle épistémologique, et le philosophe de l'imaginaire, plus littéraire, flirtant avec la psychanalyse et explorant les ressorts de notre inconscient et de l'irrationalité. C'est au second qu'on doit ses pages de philosophie du vin, d'où des références déstabilisantes à l'alchimie, l'astrologie ou la magie et dont il faut comprendre qu'elles renvoient à un ordre *symbolique* et ne remettent pas en cause la rationalité scientifique. « Que cette profondeur soit finalement un vertige, que cette vue universelle paraisse une vision rêveuse quand on la compare aux principes généraux de la science moderne, voilà qui ne ruine pas la puissance psychologique de tant de rêveries convaincues, de si grandes images honorées d'une si constante conviction. Les belles matières : l'or et le mercure, le miel et le pain, l'huile et le vin, amassent des rêveries qui se coordonnent si naturellement qu'on peut y déceler des lois de rêve, des principes de vie onirique. » Bachelard est, avec Rabelais, Montaigne et Rosset, un des rares philosophes qui écrit sur le vin comme un amateur. On n'a jamais l'impression qu'il parle par ouï-dire ou que son savoir est de seconde main. Son écriture est pleine de la joie de boire de bonnes bouteilles et l'on imagine sans peine que certains élans lyriques viennent sous sa plume à la faveur d'un flacon ouvert pas trop loin de sa table de travail !

Le vin n'est pas seulement le motif d'une rêverie terrienne, il est rêve lui-même : « Pour un rêveur de la matière, un raisin bien composé n'est-il pas déjà un beau rêve de la vigne, n'a-t-il pas été formé par les forces oniriques du végétal ? Dans tous ses objets, la Nature rêve. » La « *vigne alchimique* pourra s'interpréter aussi bien comme expérience du végétal que comme rêverie du monde des pierres ». Quel est le contenu exact de la rêverie qui a pour support le vin ? Pour Bachelard, chaque bouteille emprisonne l'histoire d'un terroir pendant douze mois, entre chaque récolte, d'où la référence à l'astrologie. La vigne « travaille tout le long de l'année en suivant la marche du soleil à travers tous les signes zodiacaux. Le vin n'oublie jamais, au plus profond des caves, de recommencer cette marche du soleil dans les "maisons" du ciel. C'est en marquant ainsi les saisons qu'il trouve le plus étonnant des arts : l'art de vieillir. » Il faut surmonter la stupéfaction de voir un philosophe (qui sont ennemis des astrologues depuis Pierre Bayle et ses *Pensées diverses sur la comète*, au moins !) évoquer la *domification* chère à Nostradamus et Élisabeth Teissier, surtout de manière inappropriée. Le découpage en signes du Zodiaque correspond bien aux douze mois d'une année solaire pour la croissance de la vigne mais les maisons sont, elles, calculées à partir des douze segments de la journée de naissance (la maison I est l'ascendant, la VI le milieu de ciel, etc.). On ne voit donc pas trop à quoi elles renverraient ici (le jour de la récolte, de la fin de l'élevage, de l'embouteillage, du dégorgement pour le champagne ?). Mais, après tout, la rêverie n'a pas à être rigoureuse, même en matière d'astrologie... L'important est de noter que pour Bachelard le vin est le reflet fidèle des événements célestes, météorologiques et astronomiques : « S'il passe au ciel une comète [Bayle se retourne une nouvelle fois dans sa tombe !], c'est une autre vendange ! [...] le vigneron passionné, qui médite toute l'année les *signes du vin*, n'oubliera jamais que la comète nouvelle donne au vin une substance qui descend bien rarement du ciel sur la terre. [...] Cette longue queue molle coulant dans les hautes couches du ciel est essentiellement *humide*, elle est riche d'un feu liquide et suave, d'une eau essentielle et subtile, longuement distillée au firmament. [...] Le vin de la comète en reçoit une douceur qui ne ruine pas la force. »

Il conviendrait d'organiser une dégustation des millésimes 1835 (on trouve encore quelques madères), 1910 (année de faible réputation mais il reste quelques rivesaltes buvables), 1986 (année de qualité honorable à Bordeaux, éclipsée par la grande trilogie 1988-89-90) pour examiner si la comète de Halley a permis aux bouteilles d'être douces et fortes – et je regrette de ne pouvoir probablement pas étudier de près le millésime 2061, qui a de bonnes chances d'être caniculaire ! Bachelard est conscient du caractère involontairement comique de ses descriptions : « La chimie moderne, sans doute, nous enjoint de rire devant d'aussi vaines rêveries » issues de l'imaginaire de l'alchimie et de l'astrologie. Il faut reconnaître pourtant que Bachelard voit parfois juste et sait rendre sympathique l'irrationnel : « Un vrai vin appelle le plus sensible des horoscopes. » Il montre que l'approche scientifique ne parvient pas, et c'est exact, à rendre raison du grand vin : la chimie « nous prouve, par ses faciles analyses, que le raisin est un fruit aqueux et l'agronomie conseille des pratiques qui gonflent la vendange [Bachelard écrit en 1947, on en est – heureusement – revenu...] : il est des pays plats où s'arrosent les vignes. Ce sont là des pays que le rêve du vin ne visite pas. » Celui-ci se nourrit de contradictions, de tensions, il décrit une boisson qui « réchauffe et désaltère » (le thé correspond mieux à cette définition, mais qu'importe !) et d'une « *chaleur tempérée* ». Bachelard trouve dans la consommation du vin une satisfaction proprement philosophique. Il est des flacons qui valent des discussions entre philosophes ou la lecture d'ouvrages savants : « Il nous enchante de trouver dans notre verre *la dialectique du subtil et du corroborant*. On est si sûr devant une telle contradiction de tenir un grand bien de la terre, une substance naturelle et profonde, un archétype du monde de la matière ! »

L'enthousiasme bachelardien est communicatif et donne envie d'ouvrir une bouteille pour le lire et bien le comprendre. Son lyrisme plein de bonté touche encore plus le lecteur quand s'y mêle une confession intime, pleine de nostalgie, celle du natif de Bar-sur-Aube, en plein vignoble champenois loin des grands crus célèbres, terre de beaux champagnes un brin rustiques mais francs du collier et de rouges tranquilles de pinot noir à la robe de rose fanée (comme le coteaux-champenois de la maison Jean Laurent). Le livre s'achève sur ces mots : « Qui nous chantera, par exemple, les vins du regard : tendresse et malice, vins qui taquinent en aimant, ô vin de mon pays ! Vin qui unit les provinces et qui ferait, dans une douce ivresse géographique, un confluent de l'Aube et de la Loire. [...] Que de fois ainsi la Vigne, reine des simples, prend le parfum d'une de ses douces suivantes comme la framboise, d'une de ses rudes servantes comme la pierre à fusil ! Le vin est vraiment un *universel* qui sait se rendre *singulier*, s'il trouve, toutefois, un philosophe qui sache le boire. » Ce philosophe existe : il s'appelle Gaston Bachelard.

La symbolique du vin n'est pas réservée au « rêve de la terre ». On la rencontre aussi dans un contexte religieux, comme on l'a vu au chapitre cinq. **Mary Daly** (1928-2010), philosophe et théologienne féministe, analysant l'eucharistie, s'attache à repérer dans la présence du vin la trace d'une vision patriarcale, phallocentrée et misogyne. Dans *Gyn/ecology : the metaethics of radical feminism*, elle déconstruit la Cène en identifiant une réappropriation masculine de rites anciens et matriarcaux. Le contexte général est le suivant : Jésus transforme le symbole de l'*arbre de vie*, qui représentait le pouvoir des déesses et des sorcières, en symbole de la *croix de la Passion* : on passe d'une puissance de vie à une puissance de mort. Daly insiste sur le fait que c'est du bois mort qui figure désormais la puissance divine, rompant avec « l'énergie cosmique » au bénéfice d'un dieu qui s'est fait homme (mâle) et qui meurt crucifié. En résumé : « Ainsi, l'Arbre de vie a été converti en symbole de la Société SM nécrophile. » À la « vie à l'œuvre » dans l'arbre dont les racines sont encore profondément enfoncées dans le sol et qui verdit à chaque printemps se substitue le « jus/sève » de Jésus : « Le “doux Jésus” qui offre aux fidèles sa chair et son sang à boire joue désormais le rôle de la Déesse Mère. » Le mâle derrière le masque de la Mère qui « affirme “Mangez-moi et buvez-moi *vivant*” » professe alors, pour Daly, « bien plus qu'un simple cannibalisme grossier mais aussi un vampirisme voilé ». Le vin symbolise donc une puissance masculine morbide, qui se transmet comme une maladie. Il importe aussi de prendre en considération le symbole du calice dans lequel il est déversé. Pour Daly, ce dernier reprend la forme du chaudron qu'elle associe à une « histoire prépatriarcale », le chaudron relevant de l'art de la poterie, réservé aux femmes et « tabou » pour les hommes. En déversant le vin dans un calice pour qu'il se transforme en sang du Christ, cette tradition ancestrale est « arrachée, réduite, renversée, dévoilée ». Autrement dit, verser le vin dans le calice consacre l'affirmation par le patriarcat, « au nom d'un dieu mâle, de son *pouvoir sur* les autres, en utilisant un symbole ancien de l'énergie transformante non hiérarchique et gynocentrée. Le prêtre joue le rôle de la prêtresse. Se cachant derrière le symbole, il essaie de changer le vin en sang "sacré" – la version chrétienne de la menstruation masculine. » Mary Daly conclut : « Le calice chrétien devient le centre d'un rituel cannibale/nécrophage. »

On voit que l'interprétation philosophique du vin comme symbole est infinie et parfois surprenante. Un intérêt de l'analyse de Mary Daly, dont la rugosité peut déplaire et paraître pure provocation, est qu'elle dévoile un aspect souvent négligé du vin et de la philosophie du vin : un certain machisme, une forme de phallocratie* qui se traduit par l'éloge de banquets où les femmes n'ont pas leur place ou dans l'assimilation du vin à une source de puissance virile. Certes, Rabelais fait de Bacbuc la grande prêtresse du culte de la Dive Bouteille et Rousseau souligne le rôle de Julie dans la vinification, mais les figures classiques de la philosophie du vin sont exclusivement masculines. Les choses changent depuis quelques années dans le monde du vin mais lentement, comme on le voit en lisant la bande dessinée d'Alessandra Fottorino et Céline Pernot-Burlet, *In vino femina*. De plus en plus de femmes écrivent sur le vin, néanmoins, et c'est à une philosophe de formation, meilleure ouvrière de France et meilleure sommelière de France, Pascaline Lepeltier, qu'on doit l'un des très beaux livres récents sur le vin : *Mille vignes. Penser le vin de demain*.

Notre promenade dans les vignes de la philosophie s'achève avec **Clément Rosset** (1939-2018). J'ai déjà évoqué au chapitre quatre la figure de l'ivrogne lucide qui est une des idées fortes du *Réel, traité de l'idiotie*. Le même livre commence par une longue analyse d'*Au-dessous du volcan* de Malcolm Lowry, suivant la déambulation du Consul, perpétuellement ivre, le jour de la fête des morts. La confusion mentale du Consul, son incapacité à se repérer dans le temps et l'espace, la brume dense que constitue pour lui la réalité, sont autant d'indices, pour Rosset, d'un rapport plutôt *objectif* au réel, celui que la philosophie devrait permettre de cultiver. Le Consul « n'est pas un ivrogne ordinaire. C'est un ivrogne extraordinaire, un voyant qui se sait plongé "dans un état d'ébriété exceptionnel". Il n'a rien d'un homme qui perd, de temps à autre, son chemin, pour le retrouver par la suite puis le reperdre à nouveau. [...] il n'y a plus pour lui depuis longtemps de chemins à perdre ni de chemins à retrouver : parce qu'il n'y a pas, parce qu'il n'y a jamais eu de véritables chemins. » Pour Rosset, l'ivrognerie induit une perception de la réalité qui est profondément *juste* : elle permet d'ouvrir les yeux sur le tragique joyeux du réel qui est fondamentalement dépourvu de *sens*, autrement dit de *signification* comme d'*orientation*. Le réel *est*, c'est tout. Seul le réel est *réel*. Et tout ce qui, pour l'éclairer, nécessite des grilles d'explication transcendantes est illusoire. Le réel est un « château de hasard » comme il le dit dans *Logique du pire*. Le Consul en perpétuel état d'ivresse adopte en titubant une démarche qui « n'est anodine qu'en apparence ; à y réfléchir, on découvre en elle un très profond paradoxe qui n'intéresse pas seulement la façon dont marchent les hommes, qu'ils soient ou non ivrognes, mais concerne le sort de toute chose au monde ». Ce paradoxe, Rosset le résume ainsi : « Il n'est pas de "n'importe quelle façon" (*anyhow*) qui ne débouche sur "une certaine façon" (*somehow*), c'est-à-dire précisément sur quelque chose qui n'est pas du tout n'importe quoi, n'importe quelle façon, mais au contraire cette réalité-là et nulle autre, cette façon qu'elle a d'être et aucune autre façon. »

À lire Rosset, on se dit que Rabelais n'exagère pas quand il considère que le vin rend sage et savant et que l'adage *In vino veritas* doit être pris à la lettre et non pour l'évocation des seules facultés désinhibitrices de l'alcool. L'ivrogne développe un accès au monde qui est rare et précieux puisqu'il voit comment détermination et indétermination se confondent, comme oubli et souvenir : « Les ivrognes sont comme les éléphants : ils n'oublient rien. Et, exactement pour la même raison, ne se souviennent de rien. » Car ce dont ils se souviennent, ce n'est pas *de* tout, c'est *du* tout, de la totalité des choses, du réel qu'ils arrivent à embrasser dans sa globalité car ils ne sont pas englués dans les vaines tentatives pour lui donner un sens : « Il est en somme impossible de distinguer entre oubli absolu et souvenir absolu. » Mais attention, cela ne veut pas dire que pour Rosset il faille boire en continu : il ne veut pas être « soupçonné de lier secrètement la claire perception des choses à la pratique de l'ivrognerie » et il donne d'autres exemples d'accès au réel tout aussi satisfaisants, du désarroi amoureux à l'œuvre d'art. Et, même si l'on sait que Rosset était un grand buveur et un gourmet, amateur de belles bouteilles, en particulier de champagne et de vin jaune du Jura, les références au vin ou à l'ivresse sont plutôt rares dans son œuvre, si l'on excepte le premier tiers du *Réel*, dont je viens de parler.

Dans *Récit d'un noyé*, il raconte les hallucinations dont il a été victime pendant un séjour de trois semaines fait à l'hôpital de Palma de Majorque, suite à une noyade, en septembre 2010. Dans l'un de ces cauchemars, il rêve qu'un médecin lui apporte une bouteille de vin rouge : « Je lui demande ce qu'il y a dans cette bouteille. Oh, ce n'est que du vin de Binissalem [village du centre de Majorque, où le vin est bon], me répond-il. Et il est coupé d'eau à cinquante pour cent, ce qui l'allège et le rend moins cher. Tiens, me dis-je, après avoir en vain essayé d'attraper la bouteille, c'est un radin ; et je m'étonne un peu qu'un éminent chirurgien-docteur du plus grand hôpital des îles Baléares, qui gagne certainement bien sa vie, soit assez ladre pour couper d'eau son vin. » Rosset demande à goûter le vin et le médecin refuse, lui annonçant que son traitement rend cela impossible et qu'il va mourir s'il en boit une seule goutte. Le médecin l'encourage alors à prier la sainte des Majorquins, santa Catalina Tomás : « Tiens, me dis-je, ce n'est pas seulement un avare, c'est aussi un bigot ; les deux vont d'ailleurs souvent de pair. Ce n'est peut-être pas tout : il me paraît avoir en outre un rien de perversion. Je lui réponds que je ne crois guère à l'efficacité de Catalina Tomás en cette affaire, et qu'il aurait mieux fait de me laisser profiter de son vin : il m'aurait peut-être tué, ajouté-je, mais je serais mort en état de grâce. » La joie profonde du vin, qui produit un *état de grâce*, est aussi celle de la simplicité, de la plénitude d'être, celle qui tient à distance des raisonnements alambiqués et des lourds traités, la vraie philosophie se moquant de la philosophie. Comme on le lit dans *Le Principe de cruauté* : « Un personnage d'Hergé, Séraphin Lampion, qui incarne la vulgarité totale, déclare dans *Les Bijoux de la Castafiore* : "Notez que je ne suis pas contre la musique, mais franchement, là, dans la journée, je préfère un bon demi." Impossible cependant de ne pas faire sienne une telle formule (à la condition naturellement de remplacer le mot "musique" par le mot "intelligence"). » À la condition aussi, cher Clément Rosset, si vous le permettez, de remplacer le mot « demi » par les mots « verre de vin ».

Une dernière petite goutte

Le hasard a voulu que je ne boive jamais de vin en compagnie de Clément Rosset. Un hasard au goût de malchance puisque nous avions un ami très proche en commun, le cinéaste Jean-Charles Fitoussi. On n'a jamais réussi à organiser le dîner prévu, ni à Paris ni même à Nice où pourtant il était revenu en mars 2016 pour présenter, avec Jean-Charles, à la villa Arson, ce si beau film, *De la musique ou la jota de Rosset*, dans un premier montage. Le seul échange direct que nous ayons eu fut dérisoire et téléphonique : à la suite d'une grève, son vol de retour avait été annulé et il souhaitait que mon équipe de recherche lui réserve une chambre d'hôtel pour pouvoir repartir le lendemain « mais pas à 6 heures du matin, comme Air France le propose ». Le philosophe aime le réel mais n'aime pas nécessairement les petits matins de fin d'hiver. Occasion manquée, qu'il faut accepter, *amor fati*. Jamais de *Trinch !* entre nous face à la baie des Anges.

Heureusement, l'amour du vin est aussi fait d'occasions *saisies* et de rencontres toujours singulières. *Le* vin n'existe pas, il n'y a que *des* vins. Et il n'y a même que des bouteilles. Voire des instants précis où ces bouteilles sont passionnantes (cela ne veut pas toujours dire « délicieuses ») et, parfois, à pleurer d'émotion, littéralement. On va chez son caviste, l'esprit bien disposé, il suggère d'essayer ça, qui vient d'arriver. C'est le second millésime d'un vigneron, 2020, dans un coin de Savoie. « Tu aimes bien le pinot noir, non ? » Le caviste me connaît, à force. La bouteille repose tranquillement dans la cave quelques semaines, on l'ouvre un soir, par curiosité, à deux. Léger passage en carafe au cas où il serait un peu réduit. Dans de grands verres pour qu'il respire. Le nez est en place : fruits noirs, fumée, une grande profondeur. On boit, on se regarde : la joie profonde et partagée. On ne rencontre pas souvent une telle merveille. La dernière fois, c'était il y a vingt ans.

J'étais en poste à Besançon et, me promenant dans le vignoble jurassien, j'avais pris rendez-vous à Pupillin, 32, rue du Ploussard, chez Pierre Overnoy et Emmanuel Houillon pour déguster le dernier millésime (le 2000, pour l'arbois rouge, j'en ai pris six, il ne m'en reste qu'une). Je n'avais jamais bu, à l'époque, quelque chose d'aussi *évident*, d'aussi *précis* et *adéquat*, d'aussi conforme à l'ordre du monde et à la beauté des choses. Quelque chose qui engage, comme le dit Rosset, « le caractère ininterprétable, donc invulnérable, de l'approbation ».

En buvant une bouteille de pinot noir de Chautagne, le 8 février 2023, j'ai éprouvé la *même* sensation et je me suis souvenu que je l'avais déjà éprouvée et jamais retrouvée depuis. Ma mémoire a réactivé *ce* goût, *cette* texture, abolissant l'écart entre 2003 et 2023 et, nourrissant le présent du passé, a redoublé la joie par le souvenir de la joie. Pourquoi ce vin ? Pourquoi seulement deux fois en vingt ans ? Il y a une explication, à la fois triviale et mystérieuse mais qu'il me faut donner. Le vin s'appelle Arcane et il est produit par Corentin Houillon, le neveu d'Emmanuel Houillon, qui a appris très jeune à vinifier auprès de son oncle. La puissance de mon émotion trouve ici une part de son explication. Et le fait que je sache que Corentin est le neveu d'Emmanuel m'a probablement conditionné.

Je crois pourtant, et c'est là le travail de la philosophie, que ce vin est *objectivement* éblouissant, indépendamment de la réminiscence et de la subjectivité. Et je suis persuadé qu'il sera à son tour, dans vingt ans, à l'origine de délicieuses réminiscences pour de plus jeunes buveurs, qui commenceront avec lui un voyage que, pour ma part, j'ai inauguré il y a vingt ans.

Petit glossaire œnologique et philosophique

Acescence : transformation du vin en vinaigre, maladie du vin.

Anthroposophie : approche ésotérique développée par Rudolf Steiner (1861-1925) dont l'aspect qui concerne le plus directement le vin est l'agriculture biodynamique. Celle-ci est caractérisée, entre autres, par le respect du calendrier lunaire et le traitement de la vigne au moyen de préparations homéopathiques.

Épistémologie : partie de la philosophie qui s'occupe de la théorie de la connaissance.

Épistémologie sociale : partie de la philosophie qui s'occupe de la construction sociale de la connaissance et des croyances.

Évergétisme : générosité ostentatoire d'un puissant (l'évergète) à l'endroit d'une communauté, lui permettant d'entretenir son pouvoir sur le groupe.

Hydroparastes : secte chrétienne, dite aussi des aquariens, qui utilise de l'eau en lieu et place du vin pour l'eucharistie.

Mithridatiser : à l'image du roi grec Mithridate, s'immuniser contre un poison en le consommant à toutes petites doses régulières pour y accoutumer son organisme.

Œnophilie : l'amour du vin.

Ouillage : remise à niveau du liquide dans un tonneau ou une cuve, afin d'éviter l'oxydation ou la formation d'un voile de levures. La plupart des vins sont ouillés, il existe certains vins non ouillés, comme les vins de voile (vin jaune du Jura, fino d'Andalousie) ou les vins oxydatifs (comme les rancios secs du Roussillon).

Phallocentrisme : vision du monde qui met au centre de l'ordre symbolique la masculinité, symbolisée par le phallus.

Phénoménologie : courant de la philosophie qui part de l'expérience première, voire ordinaire, que nous faisons des choses du monde, en tant qu'elles se présentent à nous sous la forme de phénomènes.

Pourriture noble : champignon (*Botrytis cinerea*) qui, dans certains vignobles où humidité et soleil se succèdent, colonise les baies de raisin et concentre en elles le sucre.

Sucre résiduel : sucre du raisin qui subsiste dans le vin à l'issue de la fermentation alcoolique.

Sulfites : produit antibactérien et antioxydant qui est utilisé comme conservateur dans l'alimentation et dans la production de nombreux vins. La mention « Contient des sulfites » est trompeuse car beaucoup de vins contiennent naturellement des sulfites à l'issue de la fermentation. La mention « Sans sulfites ajoutés » est plus utile mais ce n'est pas celle qui est prévue par la réglementation.

Vin nature (ou vivant ou naturel) : il n'y a pas de consensus sur la définition d'un vin « nature » (dit aussi parfois « vivant » ou « naturel ») sinon pour considérer qu'il est issu d'un sol qui reçoit le moins de traitements chimiques possible et qu'il est vinifié avec le moins d'intrants (conservateurs, en particulier, comme les sulfites) possible et avec le moins d'interventions (filtration, collage) possible. Il ne suffit pas qu'un vin soit dit « sans soufre » pour être nature (il peut être issu d'une viticulture conventionnelle et il peut être collé et filtré) et, parmi les vins « nature », certains comprennent de très faibles doses de sulfites ajoutés alors que d'autres n'en comprennent pas du tout.

Bibliographie

Littérature primaire (par ordre d'apparition)

Silex, domaine Didier-Dagueneau, Louis-Benjamin Dagueneau, Le Bourg, 58150 Saint-Andelain

Château Rayas, Emmanuel Reynaud, 84230 Châteauneuf-du-Pape

Clos-Sainte-Hune, Trimbach, 68150 Ribeauvillé

Première vendange, domaine de la Charmoise, Henry et Jean-Sébastien Marionnet, 41230 Soings-en-Sologne

Tavel, L'Anglore, Éric Pfifferling, route du Vignoble, 30126 Tavel

Musigny Grand Cru, domaine Leroy, Lalou Bize-Leroy, 15 rue de la Fontaine, 21700 Vosne-Romanée

Petrus, 3 route de Lussac, 33500 Pomerol

Arbois jaune, Pierre Overnoy et Emmanuel Houillon, 32 rue du Ploussard, 39600 Pupillin

Beaujolais l'Ancien, domaine des Terres-Dorées, Jean-Paul Brun, 565 route de Alix, 69380 Charnay

Domaine de l'Écu, Clos de l'Écu, 44430 Le Landreau

Clos Cibonne, chemin de la Cibonne, 83220 Le Pradet

Domaine de la Tuilerie †, Hélène Cauvet, 3372 route de Pierrefeu, 83400 Hyères
Cuvée R.D., Bollinger, 20 boulevard du Maréchal-de-Lattre-de-Tassigny, 51160 Aÿ
Vieilles Vignes Françaises, idem
Domaine des Terres-Promises, Jean-Christophe Comor, chemin de la Persévérance, 83136 La Roquebrussanne
No Control, Vincent Marie, rue de la Croix-Badière, 63530 Volvic
Château de Malfourat, lieu-dit Malfourat, 24240 Monbazillac
Château d'Yquem, 33210 Sauternes
Vosne-Romanée 1er cru Au Cros Parantoux, domaine Méo-Camuzet, 11 rue des Grands-Crus, 21700 Vosne-Romanée
Château Lafite-Rothschild, 33250 Pauillac
Cuvée Marguerite, domaine Ganevat, Anne et Jean-François Ganevat, La Combe, 39190 Rotalier
Domaine Laurent, Dominique et Jean Laurent, 3 place de l'Église, 21640 Flagey-Echézeaux
Domaine de Trévallon, famille Dürrbach, 13103 Saint-Étienne-du-Grès
Mas de Daumas Gassac, Haute vallée du Gassac, 34150 Aniane
Pacina, Località Pacina 7, Castelnuovo Berardenga (SI), 53019
Domaine Johanna-Cécillon, La Villime, 22250 Sévignac
Domaine de Kervéguen, Éric Baron, 29620 Guimaëc
Domaine Julien-Thurel, Les Usages, 45470 Loury

Château Carbonnieux, chemin Peyssardet, 33850 Léognan
Hystérie, domaine de Causse-Marines, Patrice Lescarret, Le Causse, 81140 Vieux
Château Margaux, 33460 Margaux
Château de Ripaille, 83 avenue de Ripaille, 74200 Thonon-les-Bains
Propriété Jean Massa †, 425 chemin de Crémat, 06200 Nice
Domaine Les Pallières, anciennement Christian Roux désormais famille Brunier, 1307 route de Lencieu, 84190 Gigondas
Muscat de Beaumes-de-Venise, domaine des Bernardins, Andrew Hall, 139 avenue Gambetta, 84190 Beaumes-de-Venise
Vittel, Société des eaux minérales de Vittel, avenue Georges-Clemenceau, 88800 Vittel
Banyuls, domaine Piétri-Géraud, Laetitia Piétri Clara, 22 rue Pasteur, 66190 Collioure
Montrachet, domaine des Comtes-Lafon, 5 rue Pierre-Joigneaux, 21190 Meursault
Postillon †
La Payse, Chantovent, quai du Port-au-Vin, BP 7, 78270 Bonnières-sur-Seine
Romanée-Conti, domaine de la Romanée-Conti, 1 place de l'Église, 21700 Vosne-Romanée
Rougefeuille, vin de l'Union européenne, maison Johanès-Boubée, 18 rue Boileau, CS 70012, 33070 Bordeaux Cedex

Grande Cuvée, Champagne Krug, 5 rue Coquebert, 51100 Reims

Domaine La Bohème, Patrick Bouju, 1 rue de Montfoulhoux, 63800 Saint-Georges-sur-Allier

Domaine Raspail, Jean-Claude Raspail, 780 route de Die, 26340 Saillans

Domaine Achard-Vincent, Thomas Achard, Le village, 26150 Sainte-Croix

Château Cheval-Blanc, 33330 Saint-Émilion

Arbois jaune W, domaine André-et-Mireille-Tissot, Bénédicte et Stéphane Tissot, 35 place de la Liberté, 39600 Arbois

Chablis grand cru Les Clos, domaine Vincent-Dauvissat, 8 rue Émile-Zola, 89800 Chablis

Château Haut-Brion, 135 avenue Jean-Jaurès, 33608 Pessac

Rare Le Secret Haute Joaillerie, Champagne Piper-Heidsieck, 1 allée du Vignoble, 51100 Reims

Réserve Demi-Sec, Réserve Doux, Champagne André Beaufort, rue de Vaudemanges, 51150 Ambonnay

Châteldon, Sources Alma, Eaux de Prestige, SNC Neptune, 70 avenue des Sources, 03270 Saint-Yorre

Saint-Géron, Le Pré-Grand, 43360 Saint-Géron

Orezza, Acqua Acitosa, 20229 Rapaggio

Château Climens, 33720 Barsac

Chambertin, domaine Trapet père et fils, 53 route de Beaune, 21220 Gevrey-Chambertin

Rivesaltes, domaine de Rancy, Brigitte et Jean-Hubert Verdaguer, 8 place du 8-mai-1945, 66720 Latour-de-France

Clos Saint-Joseph, Constance Malenge et Roch Sassi, Le Savel, 06710 Villars-sur-Var

Beaunes-grèves premier cru Vigne de l'enfant Jésus, Bouchard Père & Fils, 15 rue du Château, 21200 Beaune

Vieux Papes, 18 rue Horace-Vernet, 92130 Issy-les-Moulineaux

Dom Pérignon, 9 avenue de Champagne, 51200 Épernay

Clos du Temple, Gérard Bertrand, route de Narbonne, 11104 Narbonne

La Tentation du Pasteur, mas du Ministre, chemin du Ministre, 34130 Mauguio

Domaine Lucien-Aviet, Caveau de Bacchus, 4 rue de la Boutière, 39600 Montigny-les-Arsures

Domaine de Dionysos, 55 impasse de la Cave, Les Farjons, 84100 Uchaux

Athena Rock It, Dionysos is on fire, domaine des Marnes-Blanches, 3 les Carouges, 39190 Sainte-Agnès

Cellier des Templiers, route du Mas-Reig, 66650 Banyuls-sur-Mer

Domaine La Croix-Montjoie, 50 Grande-Rue, 89450 Tharoiseau

The Huguenot, Franschhoek Cella, Huguenot road, Franschhoek 7690, Afrique du Sud

Prieuré Saint-Jean de Bébian, route de Nizas, 34120 Pézenas

Château Le Bon Pasteur, 10 chemin de Maillet, 33500 Pomerol

Domaine de la Bénisson-Dieu, 370 Les Belins, 42820 Ambierle

Château Le Sanctuaire, Château Vieux-Bayard, 13 lieu-dit Bayard, 33370 Montagne
Abbaye de Lérins, île Saint-Honorat, 06400 Cannes
Château de Manissy, route de Roquemaure, 30126 Tavel
Fidelis, Louange, Exsulta, abbaye Notre-Dame-de-Fidélité, Pey de Durance, 13490 Jouques
Chartreuse, 10 boulevard Edgar-Kofler, 38500 Voiron
Bénédictine, 110 rue Alexandre-Legrand, 76400 Fécamp
Tintura Imperiale, Abbazia di Casamari, 03029 Veroli, Italie
Orval, abbaye Notre-Dame-d'Orval, Orval n° 1, B-6823 Villers-devant-Orval, Belgique
Westmalle, Brouwerij der trappisten van Westmalle, Antwerpsestenweg 496, B-2390 Westmalle, Belgique
Trappistes Rochefort, abbaye Notre-Dame-de-Saint-Remy, B-5580, Rochefort, Belgique
Westvleteren, Abdij Sint-Sixtus VZM, Donkerstraat 12, 8640 Westvleteren, Belgique
Vignobles David, Alain et Frédéric David, 3 chemin de la Clastre, 30210 Saint-Hilaire-d'Ozilhan
Cormé, domaine Éric-Bordelet, château de Hauteville, 53250 Charchigné
La Corme cidrée, Manoir du Val, EARL Courtoux-Bourut, 960 route du Val, Saint-Aubin-le-Guichard, 27410 Mesnil-en-Ouche
Mito Inoue, chemin des Caves-Saint-Julien, 63320 Montaigut-le-Blanc
Marlène Soria, mas de Peyres, 34230 Saint-Pargoire
Pierre Beauger, 3 rue des Templiers, 63320 Montaigut-le-Blanc

La Grange des pères, Laurent Vaillé †, D 32 E 2, 34150 Aniane
Aurélien Lefort, Brugère Basse, 63340 Madriat
Iris, domaine Christophe-Lindenlaub, 6 faubourg des Vosges, 67120 Dorlisheim
Château Lynch-Bages, 33250 Pauillac
Mercurey rouge Les Naugues, domaine François-Raquillet, 19 rue de Jamproyes, 71640 Mercurey
Château de la Brède, avenue du Château, 33650 La Brède
Grain noble, Marie-Thérèse Chappaz, chemin de Liaudise 39, 1926 Fully, Suisse
Petite-arvine Les Seyes, Alexandre Delétraz, cave des Amandiers, route des Moulins 9, 1913 Saillon, Suisse
East India Solera, Lustau, calle de los Arcos 53, 11402 Jerez de la Frontera, Espagne
Coteaux champenois, maison Jean-Laurent, 12 rue des Huguenots, 10110 Celles-sur-Ource
Domaine Can Verdura, Carrer de s'Era 6, 07350 Binissalem, Majorque
Arcane, Corentin Houillon, 3040 route des Allobroges, 73310 Serrières-en-Chautagne

Littérature secondaire

Sur le vin, la philosophie et l'histoire du vin en général

Fritz Allhoff (éd.), *Wine and Philosophy : A Symposium on Thinking and Drinking*, Wiley-Blackwell, 2007.

Françoise Argot-Dutard, Pascal Charvet et Sandrine Lavaud (éds.), *Voyage au pays du vin. Histoire, anthologie, dictionnaire*, « Bouquins », Robert Laffont, 2007.

Pierre Cadiot, *Le Vin en paroles. Esquisses œnophiles*, Anagrammes, 2010.

Roger Dion, *Histoire de la vigne et du vin en France*, CNRS-éditions, 1960 (2010).

André Dominé, *Le Vin*, Place des Victoires, 2001.

Benoît France, *Grand atlas des vignobles de France*, Solar, 2002.

Hugh Johnson, *Une histoire mondiale du vin, de l'Antiquité à nos jours*, Hachette Pluriel, 1990 (2009).

Matthieu Lecoutre, *Le Goût de l'ivresse. Boire en France depuis le Moyen Âge*, Belin, 2017.

Valentin Morel, *Un autre vin. Comment penser la vigne face à la crise écologique*, Flammarion, 2023.

Gérard Oberlé, *Itinéraire spiritueux*, Grasset, 2006.

Jean-Robert Pitte (éd.), *L'Amour du vin*, « Biblis », CNRS éditions, 2013 (2016).

Jancis Robinson et Julia Harding (éds.), *The Oxford Companion to Wine*, Oxford University Press, 1994 (2015).

Roger Scruton, *I Drink Therefore I Am. A Philosopher's Guide to Wine*, Bloomsbury, 2009 (*Je bois donc je suis*, Stock, 2011).

Barry C. Smith (éd.), *Questions of Taste. The Philosophy of Wine*, Signal Books, 2007.

Cain Todd, *The Philosophy of Wine. A Case of Truth, Beauty and Intoxication*, Routledge, 2010.

Augustin Voegele, Sonia Goldblum, Thomas Nicklas,

Frédérique Toudoire-Surlapierre, Michel Faure, *Vin et altérité : le vin à l'épreuve des sciences humaines*, Éditions et Presses universitaires de Reims, 2020.

Chapitre un

Michel Bettane, « La dégustation est un point de vue », *En Magnum*, 22, mars-avril-mai 2021.

Fabrizio Bucella, *L'Anti-guide du vin*, Dunod, 2018 (2022).

Fabrizio Bucella, *Pourquoi boit-on du vin ?*, Dunod, 2019.

Descartes, *Discours de la méthode* et *Essais, Œuvres complètes*, tome III, « Tel », Gallimard, 2009.

Emanuel Dimas de Melo Pimenta, *In vino veritas. Wine – a cosmic synthesis and the ermegence of pathos*, auto-édition, 2019.

Olivier Grosjean, Antonin Iommi-Amunategui, Guillaume Nicolas-Brion, Philippe Rapiteau, Éva Robineau, *Tronches de vin. Le guide des vins qu'ont d'la gueule*, Les Éditions de l'épure / Marie Rocher, 2013.

Guillaume Laroche et Harry Annoni, *Entre les vignes #2, avec les vignerons nature en Auvergne*, Reverse, 2018.

Leibniz, *Nouveaux essais sur l'entendement humain*, GF, 1966 (1993).

Alessandro Marini, *Amare il vino. Filosofia della degustazione*, Il Melangolo, 2019.

Nietzsche, *Par-delà bien et mal*, « Folio », Gallimard, 1987.

Bertrand Russell, *Problèmes de philosophie*, Payot, 1989.
Gordon M. Sheperd, *Neuroenology. How the brain creates the taste of wine*, Columbia University Press, 2017.

Chapitre deux

Jean-Marc Bahans et Jean-Michel Menjucq, *Droit de la vigne et du vin*, LexisNexis Litec, 2e édition, 2010.
Neil Beckett (éd.), *1001 Wines You Must Try Before You Die*, Cassell Illustrated, 2008 (2014).
Pierre Casamayor, Michel Dovaz, Jean-François Bazin, *L'Or du vin*, Hachette, 1994.
Alice Feiring, *Skin Contact. Voyage aux origines du vin nu*, Nouriturfu, 2017 (2022).
Théodore Georgopoulos (éd.), *Droit du vin et santé publique*, Mare & Martin, 2016.
Théodore Georgopoulos (éd.), *Les Contrôles administratifs du vin*, Mare & Martin, 2021.
Pierre Guigui et Sophie Brissaud, *Le Vin nature au-delà des modes*, « Le savoir boire », Apogée, 2021.
Stéphane Lagorce, *Le Grand Précis des vins naturels*, Homo Habilis, 2019.
Isabelle Legeron, *Le Vin nature. Introduction aux vins biologiques et biodynamiques*, Eyrolles, 2017.
François Morel, *Le Livre des vins insolites*, Flammarion, 2000.
Florence Rosier, « La saga de la domestication de la vigne retracée », *Le Monde*, 6 mars 2023.

Olivier de Serres, *Le Théâtre d'agriculture et mesnage des champs*, Actes Sud, 2001.

Chapitre trois

Linda Bartoshuk, « The Psychophysics of Taste », *American Journal of Clinical Nutrition*, 31 (6), p. 1068-1077.
Pierre Bourdieu, *La Distinction*, Minuit, 1979.
Condillac, *Traité des sensations*, Fayard, 1997.
Jacques Derrida, *Le Toucher, Jean-Luc Nancy*, Galilée, 1998.
Jean-Yves Girard, *Le Fantôme de la transparence*, Allia, 2016.
Gilles Hanus, *Éloge du tact*, Liber, 2023.
Hume, *Essais esthétiques*, GF, 2000.
Husserl, *Nature et esprit*, Vrin, 2017.
Kant, *Critique de la faculté de juger*, Vrin, 1989.
Chantal Jaquet, *Philosophie de l'odorat*, PUF, 2010.
Olivier Magny, *Into the Wine, une invitation au plaisir*, 10/18, 2013.
Michel Onfray, *Les Formes du temps. Théorie du sauternes*, Mollat, 1996.
Daniel Picouly, *Les Larmes du vin*, Albin Michel, 2022.
Sade, *Œuvres*, trois tomes, « Bibliothèque de la Pléiade », Gallimard, 1990, 1995, 1998.
Thierry Tahon, *Petite philosophie du vin*, Milan, 2005.
Thierry Tahon, *Dictionnaire philosophique et subtil du vin*, Milan, 2011.

Wittgenstein, *Tractatus logico-philosophicus*, Gallimard, 1993.

Chapitre quatre

Baudelaire, *Les Fleurs du mal, Le Spleen de Paris* et *Paradis artificiels* in *Œuvres complètes*, tome I, « Bibliothèque de la Pléiade », Gallimard, 1975 (1987).
William Blake, *Le Mariage du ciel et de l'enfer*, Allia, 2022.
Bertrand Cochard, *Guy Debord et la philosophie*, Hermann, 2021.
Guy Debord, *Œuvres*, « Quarto », Gallimard, 2006.
Gustave Kervern et Séphanie Pillonca, *Petits moments d'ivresse*, Le Cherche Midi, 2012.
Li Bai, *Poèmes, Anthologie de la poésie chinoise*, « Bibliothèque de la Pléiade », Gallimard, 2015.
Jean-Luc Nancy, *Ivresse*, Rivages, 2013.
Philon d'Alexandrie, *De plantatione*, Éd. du Cerf, 1963.
Jacques Pimpaneau, *Célébration de l'ivresse*, Picquier, 2000 (2020).
Clément Rosset, *Le Réel. Traité de l'idiotie*, Éd. de Minuit, 1977 (2004).
Rousseau, *Les Confessions* in *Œuvres complètes*, tome I, 1959 (1986).
Sénèque, *De la tranquillité de l'âme* in *Dialogues*, tome IV, Budé, Les Belles Lettres, 2002.

Chapitre cinq

Enrico Bernardo, *La Sagesse du vin*, Flammarion, 2021.
Pierre Bourdieu et Jean-Claude Passeron, *La Reproduction*, Éd. de Minuit, 1970.
Philippe Bourguignon, *L'Accord parfait*, Chêne-Hachette, 1997.
Brillat-Savarin, *Physiologie du goût*, Champs-Classiques, 2017.
Noëlle Châtelet, *Le Corps à corps culinaire*, Le Seuil, 1977 (1998).
Raymond Dumay, *Le Guide du vin*, Stock – Le Livre de poche, 1967 (1999).
Jacques Dupont, *Choses bues*, Grasset, 2008.
Laure Gasparotto, *Vigneronne*, Grasset, 2021.
George Saintsbury, *Notes on a Cellar-Book*, 1920 (1921, Reprint Scholar Select).
Guy Renvoisé, *Le Monde du vin, art ou bluff?*, Rouergue, 1996.
Jean-François Revel, *Un festin de paroles*, Texto-Tallandier, 1978 (2007).
Paul Veyne, *Le Pain et le Cirque*, Points Seuil, 1995.
Platon, *Hippias majeur* in *Œuvres complètes*, tome I, « Bibliothèque de la Pléiade », Gallimard, 1940 (1989).

Chapitre six

La Bible, Ancien Testament, tome I, La Pléiade, 1956 (1985).
La Bible, Ancien Testament, tome II, La Pléiade, 1959 (1985).
Le Talmud, Traité Pessahim, Folio, 2003.
La Bible, Le Nouveau Testament, La Pléiade, 1971 (1986).
Le Coran, La Pléiade, 1967 (2007).

Loïc et Sophie Abric, *Les Sens du vin*, Terre en vues, 2022.
Magali Aimé, *Les Vignes de la franc-maçonnerie*, Dervy, 2007.
Olivier Bauer (éd.), *Esprit du vin, esprit divin*, Labor et Fides, 2020.
Michel Bouvier, *Les Vins de l'Antiquité*, Jean-Paul Rocher, 2007.
Malek Chebel, *Anthologie du vin et de l'ivresse en Islam*, Seuil, 2004.
Rémy Gagnon, *Philosophie du vin. Ontogenèse et signification du vin*, auto-édition, 2021.
Béla Hamvas, *La Philosophie du vin*, Editio M, 1999 (*A bor filozofiaja*, Eletünk, 1989).
Henri Jeanmaire, *Dionysos. Histoire du culte de Bacchus*, Payot, 1951 (1991).
Franck Lestringant, *Une sainte horreur ou Le Voyage en eucharistie*, Droz, 2011.

Nathalie Perrot, *Méditations viticoles. La vigne et le vin dans la Bible*, Ligue pour la lecture de la Bible, 2019.
Philon, *De ebrietate. De sobrietate*, Éd. du Cerf, 1962.
Christelle Pineau, *La Corne de vache et le microscope*, La Découverte, 2019.
Jean-Robert Pitte, *Le Vin et le Divin*, Fayard, 2004.
Desmond Seward, *Les Moines et le Vin. Histoire des vins monastiques*, Pygmalion, 1982.
Annie Wellens, *Le Vin des écritures*, Desclée de Brouwer, 2001.

Chapitre sept

Grégory Darbadie, *Le Vin de la philosophie*, « Le savoir boire », Apogée, 2022.
Massimo Donà, *Filosofia del vino*, Bompiani, 2003.
Michel Onfray, *Le Ventre des philosophes*, Grasset, 1989 (2019).

Platon, *La République* in *Œuvres complètes*, tome I, La Pléiade, 1940 (1989).
Platon, *Les Lois*, livres I à VI, GF, 2006.
Platon, *Les Lois (I-II)*, Budé, Les Belles Lettres, 1951.
Pierre Boyancé, « Platon et le vin », *Bulletin de l'association Guillaume-Budé*, 10, décembre 1951, p. 3-19.

Sénèque, *Lettres à Lucilius, livres VIII-XIII*, Budé, Les Belles Lettres, 1957 (1995).

Thomas Bénatouïl, *Faire usage : la pratique du stoïcisme*, Vrin, 2006.

Marc Valleur, « Un classique de l'addictologie : la 83e *Lettre à Lucilius* de Sénèque », *Psychotropes*, 25, 2019, p. 185-195.

Rabelais, *Les Cinq Livres des faits et dits de Gargantua et Pantagruel*, édition intégrale bilingue, « Quarto », Gallimard, 2017.

Emmanuel Naya, *Une anthropologie humaniste des passions*, PUF-Philosophies, 1998.

Bruno Pinchard et Yoann Dumel-Vaillot (éds.), *Rabelais et la philosophie. Poeta sitiens. Le poète assoiffé*, Kimé, 2022.

Francis Métivier, *L'Esprit du vin ou la Philosophie du chinon*, L'Araignée, 1999.

Montaigne, *Les Essais*, éd. Villey-Saulnier, PUF-Quadrige, 1965 (2004).

Montaigne, *Journal de voyage en Italie* in *Œuvres complètes*, La Pléiade, 1962.

Montaigne, *Les Essais*, en français moderne, « Quarto », Gallimard, 2009.

Montaigne, *Les Essais*, La Pléiade, 2007.

Montaigne, *Essais*, trois tomes, Imprimerie nationale, 1998.

Locke, *Observations upon the Growth and Culture of Vines and Olives*, Sandby, 1766 (Print series GALE).

Montesquieu, *Œuvres complètes*, tome I, La Pléiade, 1949.

Montesquieu, *Correspondance, Œuvres complètes*, tomes XVIII, XIX et XX, Voltaire Foundation (Oxford) puis éditions ENS Lyon, Classiques Garnier, 1998, 2014, 2019.

Chapitre sept et demi

Rousseau, *Émile ou De l'éducation* in *Œuvres complètes*, tome IV, La Pléiade, 1969.

Rousseau, *Julie ou la Nouvelle Héloïse* in *Œuvres complètes*, tome II, La Pléiade, 1964.

Éric Fougère, « Le vin dans *La Nouvelle Héloïse. In vino veritas* », *Dix-Huitième Siècle*, 29, 1997, p. 199-210.

Kant, *Œuvres philosophiques complètes*, tome III, La Pléiade, 1986.

Kierkegaard, *Stades sur le chemin de la vie*, « Bouquins », Robert Laffont, 1993.

Gaston Bachelard, *La Terre et les rêveries du repos*, Corti, 1948 (2020).

Pierre Bayle, *Pensées diverses sur la comète*, GF, 2007.

Mary Daly, *Gyn/ecology : the Metaethics of Radical Feminism*, Beacon Press, 1978 (1990).

Alessandra Fottorino et Céline Pernot-Burlet, *In vino femina*, Hachette, 2022.
Pascaline Lepeltier, *Mille vignes. Penser le vin de demain*, Hachette, 2022.

Clément Rosset, *Logique du pire*, PUF-Quadrige, 1971 (2013).
Clément Rosset, *L'École du réel*, Éd. de Minuit, 2008.
Malcolm Lowry, *Au-dessous du volcan*, « Folio », Gallimard, 1973.
Clément Rosset, *Récit d'un noyé*, Minuit, 2012.
Philippe Rapiteau, *Guide des vins des îles. Voyages en Méditerranée*, Nouriturfu, 2022.

Remerciements

Je remercie d'abord et avant tout ma première lectrice et relectrice, Céline Borello, qui a rendu ce livre infiniment meilleur qu'il n'était. Je remercie aussi très vivement Bertrand Cochard et Jean-Jacques Madjar qui ont tout relu plusieurs fois. Je remercie Frédéric Gros et Gérard de Cortanze qui ont cru en ce projet et sans lesquels ce livre n'existerait pas. Un immense merci plein de reconnaissance aux éminents collègues et néanmoins ami.e.s qui m'ont fait de très utiles suggestions : Salim Abdelmadjid, Sophie Audidière, Ronan de Calan, Christian Ceccarelli, Philippe Choulet, Jean-Yves Girard, Stefan Goldzberg, Elsa Grasso, Dominique Grimaud, Grégori Jean, Valéry Laurand, Pierre Le Coz, Jean-Jacques Wunenburger. Merci aux ami.e.s niçois, dont les robustes et systématiques travaux pratiques ont rendu ce livre possible : Éric Chaudron, Isabelle de la Clergerie, Philippe Desoche, Marie Fabre-Ceccarelli, Didier Hessemann, David Rigaut, Véronique Thuin-Chaudron. Il ne m'est pas possible de mentionner tous les amis et amies qui m'ont fait découvrir des vins magnifiques – ils et elles se reconnaîtront, en particulier Denis Arnaud, Thierry Gontier, Jean-François Pascal. Marc Molk ne boit presque pas mais il m'a fait rencontrer le *muscatellu* du clos Nicrosi dont Keats aurait pu dire : « *A thing of beauty is a joy for ever.* » Merci enfin à toi, Lucien, « toi l'Auvergnat qui sans façon » sais, comme un sorcier du pays vellave, transformer le rouge qui tache en joie simple et profonde.

Ce livre existe aussi grâce aux achats que j'ai pu faire dans des maisons fiables comme, à Hyères, *Les Ceps d'Or*, à Paris, *Rock Bottles*, *Les Naturistes*, *La Cave Lambert 18ᵉ*, *Julhès*, *La Cave des Papilles*, *Vinum Picatum* et *Les Caves du Panthéon*, à Nice, *La Part des Anges* et *La Cave Rembrandt* et, à Lyon, *Ô Vins d'Anges*, *Maison Malleval*, *Jaja*, *Au Goulot* et *Bellecave*.

Une pensée, en passant, pour Pauline Vey-Quiviger, ma grand-mère, qui me disait toujours : « Mais avec toutes les études que tu as faites, pourquoi tu parles tout le temps de vin et jamais de philosophie ? » – je ne crois pas qu'elle aurait approuvé ce livre.

Une autre pensée pour deux amis qui *savaient vivre* et que la camarde a kidnappés trop tôt : Christophe Regina et Jean Salem.

Je salue pour finir mon père que la pratique de la médecine n'a pas détourné de la « Dive Bouteille » – pas plus que Rabelais, il y a quelques siècles. Il a su conduire mes premiers pas dans ce domaine – mes lèvres ont pu tremper, jeune, dans du pauillac, du cahors, du monbazillac, du champagne et, privilège lyonnais, dans de jolis beaujolais et de charmants saint-joseph. J'espère, avec ce livre, être à mon tour un digne *passeur*, tout comme j'ai essayé de l'être avec Jeanne et Aurélien depuis leur enfance.

À tous ces « *beuveurs tresillustres* », il me reste à souhaiter une longue existence joyeuse et une bonne santé, en levant mon verre pour les saluer. *Lehaïm !* À la vie !

Table

DU MÊME AUTEUR

Le Principe d'immanence. Métaphysique et droit administratif chez Sieyès, avec des textes inédits de Sieyès, Travaux de philosophie, Honoré Champion, 2008.

Le Secret du droit naturel ou Après Villey, Bibliothèque de la pensée juridique, Classiques Garnier, 2013.

Jean Calvin, *Commentaire du* Traité de la clémence *de Sénèque* [1532], édition critique et traduction, avec Pierre Ferrand, Bibliothèque de la pensée juridique, Classiques Garnier, 2017.

Penser la pratique juridique. Essais de philosophie du droit appliquée, Presses Universitaires d'Aix-Marseille, 2018.

Retrouvez toute l'actualité des éditions Albin Michel
sur notre site albin-michel.fr
et suivez-nous sur les réseaux sociaux !
Instagram : editionsalbinmichel
Facebook : Éditions Albin Michel
Twitter : AlbinMichel

Composition : IGS-CP
Impression : CPI Firmin Didot en mars 2024
Éditions Albin Michel
22, rue Huyghens, 75014 Paris
www.albin-michel.fr
ISBN : 978-2-226-47856-6
N° d'édition : 25194/03 – N° d'impression : 179212
Dépôt légal : septembre 2023
Imprimé en France